# À la vôtre !

**B**reuvage de spiritualité, célébré des artistes, âme du banquet grec, énergie du travailleur, plaisir de l'esthète, gage d'amitié, telles peuvent être les multiples facettes du vin, boisson incomparable, capable d'offrir la force, l'imagination, la gaieté libératrice et l'émoi des sens.

La vigne serait une liane commune portant ses petites baies rafraîchissantes si le génie de l'homme ne l'avait transcendée grâce à la fermentation.

Né il y a 5 000 ans chez les Sumériens en Perse, le vin reste un symbole constant dans toutes les civilisations : vénéré par les Égyptiens, respecté par les Grecs, domestiqué par les Romains, adopté par les Gaulois, partagé par les chrétiens, universalisé par les conquêtes des Temps modernes et l'internationalisation des échanges.

En faisant parcourir l'implacable chemin qui passe par le terroir, le cep, la grappe, le fût et conduit aux arômes, le vin rappelle à l'homme la nécessaire humilité face à la nature et le sublime dans sa quête infinie de la perfection.

Le vin apparaît alors comme un patrimoine, une richesse économique dont chaque acteur cultive la variété, l'identité, la complexité pour que les enjeux culturels dépassent les concurrences marchandes.

Par les mythes, les religions, les rites sociaux, le vin constitue une référence culturelle permanente. Toutes ces valeurs se concrétisent dans le plaisir ultime de la dégustation, où le savoir se marie au partage de l'émotion.

# Histoire de la vigne et du vin

Depuis que l'homme est devenu sédentaire au néolithique, il a cultivé la vigne. Le vin produit était symbole de richesse. Au fil du temps, le vin s'est transformé et les règles économiques ont changé.

## L'origine

Les traces des premiers pépins de raisin datent de la troisième partie de l'ère tertiaire (cette ère géologique ayant duré de – 65 millions d'années à – 2 millions d'années). Quant aux débuts de la viticulture, ils seraient situés dans le Caucase aux environs de l'an 9000 av. J.-C.

## L'Antiquité

Depuis le Caucase, la culture de la vigne s'étend vers l'Asie Mineure. Les Égyptiens reprennent avec brio la culture de la vigne et la fabrication du vin vers 2500 av J.-C.
Après les Phéniciens, la Grèce, au VIᵉ siècle av. J.-C., assure le commerce de ses vins sur le pourtour méditerranéen.
Au Iᵉʳ siècle av. J.-C., les Romains prennent la relève. Ils exploitent d'importants vignobles, en tant que colons, dans la Gaule narbonnaise, puis dans la Gaule du Nord et les pays de l'Est. Les Romains perfectionnent cette culture.
En l'an 92, l'empereur Domitien fait arracher une grande partie du vignoble gaulois et interdit sa plantation, car il fait concurrence aux vins romains.
En l'an 282, l'empereur Probus rétablit le droit de plantation et permet aux Gaulois de refaire du vin.

## Le Moyen Âge

Après la disparition de l'Empire romain au Vᵉ siècle, le développement du christianisme va favoriser la survie de la viticulture. Des églises et des caves se construisent. La culture de la vigne devient liée à l'implantation des monastères et des grands ordres religieux. Les moines élaborent le vin avec beaucoup de science et de maîtrise technique. De plus, ils définissent

**Les vins antiques**
Les vins de l'époque antique se conservaient dans des amphores et s'altéraient assez rapidement. On y rajoutait du miel, des épices ou des aromates pour les améliorer.

**Les vins gaulois**
Les Gaulois connaissaient et utilisaient la barrique, inventée par les Celtes vers le Iᵉʳ siècle de notre ère. Leurs vins se conservaient bien mieux que les vins romains, et les concurrençaient sérieusement.

VIN ET CIVILISATION | VIGNE ET VIGNOBLES | L'ŒNOL

les notions de terroirs (*voir* pp. 16-17).
Le clergé, en Europe, commence à exporter
la vigne et le vin dans d'autres pays du continent, notamment en Flandre et dans les îles
Britanniques.

> **Le premier pressoir ?**
> Près de Damas en Syrie,
> un pressoir a été découvert,
> datant de l'an 6000 av. J.-C.

## Du xviie siècle au xixe siècle

Au XVIIe siècle, les plantations de vigne sont encoura-
gées par les différents pouvoirs. Le vignoble français
connaît un développement basé sur de nouvelles exportations, principalement en Hollande et en Angleterre.
Au XVIIIe siècle, la Révolution française engendre
la liberté totale des cultures viticoles ; le vignoble français
s'étend prodigieusement. Les vins français s'imposent
dans le monde. Le bordeaux et le bourgogne s'affirment.
Au XIXe siècle, le vin s'embourgeoise, les méthodes
d'élevage (*voir* pp. 36-37) s'affinent. Puis c'est l'arrivée
dramatique du phylloxéra en 1860 (*voir* pp. 12-13),
qui atteint et détruit presque tout le vignoble français.

## Époque contemporaine

Dès la sortie de la crise phylloxérique, c'est la surpro-
duction et la chute des cours. Pour les viticulteurs,
cela signifie misère et révolte. Des manifestations vio-
lentes éclatent dans le Midi en juin 1907. Le syndicalisme
viticole naît grâce à ce mouvement. Les caves coopéra-
tives prennent de l'essor. Après la guerre de 1914-1918,
la viticulture française connaît quelques bonnes années.
En 1935, l'Institut national des appellations d'origine
(Inao) est créé. Il réglemente la production du vin et
définit des zones en AOC* ou VDQS*.
En 1958, la Communauté économique européenne
(CEE) émet des réglementations visant à réguler le
marché économique commun (arrachage, plantation).
D'autres paramètres viennent alors cadrer la viticulture.
La France viticole doit s'adapter aux nouvelles règles
du marché européen, elle s'oriente vers une diminution
de 20 % de la superficie nationale du vignoble et vers
une politique de nouveaux encépagements*. Pendant
ce temps, la vigne se développe dans le monde entier.

> L'histoire du vin
> est inséparable
> de celle
> de l'humanité.
> Le vin, fruit
> de la vigne
> et du travail
> de l'homme,
> ne saurait
> être pris comme
> un simple bien
> de consommation.
> Il est une valeur
> de civilisation
> occidentale,
> et aujourd'hui
> mondiale.

# Mythologie et religion

Depuis la nuit des temps, le vin réjouit notre être. Source de vie, il exalte les passions de l'homme et adoucit ses peines.

## Mésopotamie

Habitant la partie basse de la Mésopotamie (actuel Irak), les Sumériens ont développé une civilisation brillante (de 4000 à 3000 av. J.-C.). Leur déesse Gesthin, dont le nom signifie mère-cep, a donné naissance aux plantes de vie et le vin a commencé à couler. Cette déesse mère, l'arbre de vie symbolique et la vigne sont étroitement liés. Leurs représentations graphiques se confondent et leur symboliques touchent toutes à la source de la vie.

## Égypte

Le vin tire toujours son essence de la source originelle avec la vache Hathor, nourrice du pharaon et dispensatrice du lait vital qui préside aussi à la fête de l'ivresse. Osiris, régnant sur le monde des morts, mais aussi dieu du Vin, enrichit la dimension symbolique du vin. Par l'intermédiaire du vin, la vie devient alors étroitement liée à la mort.

Les Égyptiens emportaient du vin dans leur tombe pour assurer leur survie dans l'au-delà.

### Les symposiums

Ce sont des banquets où les citoyens grecs mangeaient puis buvaient du vin ajouté d'eau. Ces réunions d'amis étaient conviviales mais aussi très marquées par des discussions autour de la philosophie, des arts et de la littérature. Les plus célèbres sont les banquets de Platon (428-348 av. J.-C.) et de Xénophon (vers 430-vers 352 av. J.-C.).

## Grèce

C'est Dionysos, dieu de la mania (folie furieuse), qui est le dieu de la Vigne et du Vin. Cette boisson devient sacrée car elle contient Dionysos : quand on boit du vin, on boit Dionysos. Accompagné de ses satyres (démons champêtres et forestiers), il participe aux vendanges et à toutes les réjouissances collectives

VIN ET CIVILISATION  VIGNE ET VIGNOBLES  L'ŒI

Ce dieu bouillonnant semant la mort, l'ivresse et la folie sur son passage s'apaisera et apprendra aux Grecs les règles du savoir-boire.

## Rome

Les Romains, dont l'expansion a accompagné le déclin de la Grèce à partir du II$^e$ siècle av J. C., ont recupéré les dieux grecs qu'ils ont ajoutés aux leurs. Ainsi Dionysos devient-il Bacchus. Les bacchanales étaient des fêtes en l'honneur de Bacchus. Elles tournaient à la débauche et à l'orgie. Les femmes y participaient. Le souverain Jupiter avait la primeur sur toutes les nouvelles cuvées de vin, et des libations lui étaient offertes.

## Religion monothéiste et religion chrétienne

Dans la *Genèse*, c'est Noé le cultivateur qui a commencé à planter la vigne après le déluge sur les pentes du mont Ararat. Il s'est saoulé ensuite avec le vin de sa vigne.

Le vin, dans l'Ancien Testament, est un don de Yhavé réservé au peuple juif, le peuple élu. Par contre, il peut aussi être maléfique. Le vin-serpent est *sâtân* (en hébreu), c'est-à-dire « obstacle », ce qui fait trébucher l'ivrogne et barre le droit chemin, même aux justes. Le vin a été complice de débauches et de meurtres.

Contre ces violences, la Bible propose une morale : travailler beaucoup et boire modérément.

Dans le Nouveau Testament, le vin devient le sang du Christ. Dans la cène, le Christ dit au moment de la communion « *Ceci est mon corps et Ceci est mon sang* », en faisant circuler auprès des apôtres une coupe de vin. Et c'est en souvenir de ce dernier repas du Christ avec ses disciples que les chrétiens communient.

# Vin et littérature

De moûts* en mots, le vin a inspiré poètes et écrivains. Ils l'ont célébré dès sa naissance en le décrivant, en nous faisant part du plaisir et des sensations qu'ils avaient à le boire ou à le déguster.

## Période antique

Depuis Homère (vers le IXᵉ siècle av. J.-C.) qui chante les vins d'Ithaque, jusqu'à Aristophane (450-386 av. J.-C.) qui fait l'éloge des vins de Thasos, les auteurs antiques nous renseignent sur les vignobles et les spécificités des vins. Athénée (IIᵉ-IIIᵉ siècle), chroniqueur des mœurs de son époque, expose, vers 230 av. J.-C., les règles d'une sage utilisation du breuvage sacré. « *Je ne prépare que trois cratères aux gens censés : l'un de santé, celui qu'ils boivent le premier, le deuxième d'amour et de plaisir, le troisième de sommeil ; celui-ci bu, ceux qu'on appelle les sages rentrent chez eux. Le dixième à la folie, c'est celui-là qui fait trébucher* », *Les Déipnosophismes ou Propos de Table* – livre II 36 c.

## Période médiévale

En opposition complète au dieu Bacchus (*voir* pp. 6-7), le vin devient religieux et suit les rites de la religion chrétienne. Boire du vin est un acte saint, mais l'ivresse est un péché selon les Pères de l'Église. Les épîtres de saint Paul reprennent et condamnent les saouleries blâmables de Noé et de Loth. Toute une littérature illustre cette glorification de la sobriété, des chansons de geste à l'histoire légendaire de Charlemagne et de Roland écrite au XIIᵉ siècle.

## La Renaissance

Au XVᵉ siècle, tout change ! Des histoires reconstituées sur les dieux païens voient le jour principalement sous la plume de Ronsard (1524-1585), Jean Antoine de Baïf (1532-1589) et de Du Bellay (1522-1560). Auteur d'une épitaphe sur François Rabelais (vers 1494-1553), Ronsard nous invite à lire ce dernier qui a écrit au XIVᵉ siècle plusieurs livres où le vin, l'humanisme et la science se rejoignent.

« *Beuvez toujours, vous ne mourrez jamais. Si je ne boy, je suys à sec : me voylà mort… Du blanc ! Verse tout, verse de par le diable ! Verse deçà, tout plein : la langue me pelle…* » Gargantua, cinquième livre, 1564.

# Du XVIIIe au XXe siècle

Parmi de nombreux grands auteurs, Molière (1622-1673) nous parle du « vin plaisir » dans *Le Médecin malgré lui* (1666). Alexandre Dumas (1802-1870) évoque des récits de ripaille dans *Les Trois Mousquetaires* (1844). Gustave Flaubert (1821-1880) définit le champagne dans *Le Dictionnaire des idées reçues* (1923).

En 1851, Charles Baudelaire (1821-1867) compare l'homme et le vin à « *deux lutteurs amis sans cesse combattants, sans cesse réconciliés* ». Pour le poète, le vin est source d'inspiration poétique. En 1930, Colette (*ci-contre*, 1873-1954), dégustatrice célèbre, nous livre ses souvenirs et des textes merveilleux sur le vin : « *J'ai tari le plus fin de la cave paternelle godet à godet, délicatement... Ma mère rebouchait la bouteille entamée et contemplait sur mes joues la gloire des crus français...* », *Prison et Paradis*, Paris, 1932.

**Vocabulaire de la dégustation**
Anthelme Brillat-Savarin écrit la *Physiologie du goût* en 1839. C'est lui qui a légué un vocabulaire pour définir le vin.

# Ivresse

Les premiers textes écrits comportaient déjà des récits d'ivresse, et jusqu'à ce jour, il en existe et il en existera certainement toujours. L'ivresse est intemporelle ; avec elle, la ligne du temps se brise et devient discontinue.

« *Enivrez-vous.*

*Il faut être toujours ivre. Tout est là : c'est l'unique question. Pour ne pas sentir l'horrible fardeau du Temps qui brise vos épaules et vous penche vers la terre, il faut vous enivrer sans trêve.*

*Mais de quoi ? De vin, de poésie ou de vertu, à votre guise. Mais enivrez-vous.* […] »

Baudelaire, *Petits poèmes en prose* (1864).

Autour de la bouteille, les hommes ont en commun le besoin impérieux de traduire par des mots ce qu'ils ressentent. Il peut caresser la glotte ou élever l'âme. Dans tous les cas, le vin apparaît comme étant libérateur, et source d'inspiration.

# Une passion, des métiers

**Les métiers de la vigne et du vin
ne peuvent se concevoir sans passion.
Passionnés sont les viticulteurs,
vignerons, maîtres de chais, œnologues,
sommeliers… De cette passion
qui se communique, qui relie les hommes.**

## Viticulteur ou vigneron

Viticulteur ou vigneron, il est le père du vin. Il connaît son terroir, y adapte les cépages*, suit et entretient la vigne. Il peut encore détenir l'art de la vinification pour tirer le meilleur de la matière première qu'est le raisin.

– Le viticulteur cultive et protège la vigne afin d'amener la récolte à une maturité optimale. Il fait les vendanges, il est le premier maillon de la chaîne, et se doit de produire le meilleur raisin.

– Le vigneron, viticulteur ou non, transforme le raisin en vin et procure à celui-ci les soins nécessaires. Enfin, il peut avoir une fonction « commerciale », vendre au public ou au négoce.

## Œnologue et maître de chai

– L'œnologue est un véritable technicien du vin, s'appuyant sur des données scientifiques. Son rôle est de valoriser toutes les potentialités du terroir, maîtriser les techniques de la vinification, en optimisant les phénomènes naturels complexes que sont les fermentations (*voir* pp. 30-31) et l'évolution du

VIN ET
CIVILISATION
VIGNE
ET VIGNOBLES
L'ŒNOL

vin. Il doit être capable d'apprécier la qualité des arômes et des saveurs, d'être un expert de la dégustation.

– Le maître de chai peut être autodidacte ou de formation professionnelle. C'est le chef de la cave. Il dirige tous les travaux au quotidien, depuis l'arrivée du raisin jusqu'à la mise en bouteille. Il travaille en relation avec l'œnologue. Dans le Bordelais particulièrement, il a la responsabilité du chai à barriques.

## Courtier et négociant

– Le courtier de campagne est le trait d'union indispensable entre la propriété et le négoce. Il connaît dans son canton chaque cave, cuve par cuve, et la caractéristique propre des vins.

– Le négociant achète des vins pour les revendre après plus ou moins d'interventions sur le produit lui-même (assemblage, élevage, etc., *voir* pp. 36-37).

– Le négociant distributeur achète des vins pour les revendre parfois en primeur et sur catalogue. Certains détiennent des contrats de monopole, comme par exemple dans le Bordelais.

– Le négociant éleveur sélectionne et assemble des vins achetés en vrac pour créer un nouveau produit (un vin obtenu par le mélange de plusieurs vins), vendu le plus souvent sous un nom de marque.

– Le négociant producteur est propriétaire de vignobles et commercialise ainsi sa propre production.

## Sommelier

Il en est des sommeliers comme des chefs de cuisine, ils concourent tous deux au prestige de la gastronomie française. Leur collaboration permet une alliance réussie des mets et des vins. Le sommelier travaille auprès du maître d'hôtel, il participe au choix des vins, il veille à l'approvisionnement et à l'évolution des vins. En salle, il veille à l'environnement des consommateurs : il élabore la carte des vins, choisit la verrerie, il conseille et renseigne le client. Ce conseil se fera en fonction du plat ou du menu désiré mais aussi selon le goût du client. Il assure la prise de commande et le service des boissons.

**Caviste**
Il doit être un spécialiste pour entreposer dans les meilleures conditions, pour choisir des vins originaux et de qualité. Il doit conseiller l'acheteur, le renseigner sur la provenance du vin et lui faire découvrir de nouveaux crus.

Les hommes du vin se réalisent dans leur métier, par leur passion. De cette passion qui les exaltent dans la sublimation de la matière et des phénomènes naturels de sa transformation. Ainsi que dans leur besoin de communiquer et de faire partager cette passion.

# La vigne et ses cépages

La vigne est une liane qui, à son origine il y a 7 000 ans, se développait en parasitant les arbres de la forêt. Depuis, l'homme n'a jamais arrêté de la cultiver, améliorant sans cesse son adaptation, sa productivité et sa qualité. Ce travail de recherche continue toujours.

## La plante

La vigne appartient à la famille des Vitacées qui comprend un millier d'espèces réparties dans le monde. Aujourd'hui, dans nos vignobles européens, ce sont les différentes variétés de l'espèce euro-asiatique *Vitis vinifera* qui sont greffées sur les espèces américaines. Notre grande collection de cépages* provient directement de *Vitis vinifera*. Tous se différencient tant par leurs caractères morphologiques que physiologiques, ce qui a permis d'établir, au XIXᵉ siècle, l'ampélographie (science de la classification et de la description des espèces).

## Maladies et parasites de la vigne

La vigne est une plante très sensible aux maladies cryptogamiques (provoquées par des champignons microscopiques) telles que l'oïdium et le mildiou ; elle est, de plus, attaquée par un certain nombre de virus et bactéries, responsables de maladies telles que la flavescence dorée et le court noué ; ou encore par des parasites animaux : phylloxéra, vers de la grappe. Pour faire face à cela, le viticulteur dispose de toute une batterie de traitements qui fait de la vigne de nos jours une des plantes cultivées les plus traitées.

**Le phylloxéra**
Il s'agit d'un puceron qui vit en parasite sur les racines de la vigne dans lesquelles il plonge son suçoir. L'infection qui en résulte crée par la suite un dépérissement de la vigne.

## Des solutions pour lutter contre le phylloxéra

Jusqu'au XIXᵉ siècle, l'espèce *Vitis vinifera* était la seule cultivée en Europe. Avec l'arrivée en 1860 du phylloxéra (*voir* encadré), venu des Amériques, tout le vignoble a failli disparaître. Étant donné que les plants américains résistaient au puceron parasite, on pensa tout d'abord à croiser entre elles les vignes américaines et *Vitis vinifera*, ce qui donna les « hybrides producteurs directs ». Ceux-ci présentaient l'avantage d'être à la fois résistants et productifs, mais la qualité médiocre des vins obtenus entraîna leur déclin rapide et leur disparition presque complète aujourd'hui. À la même époque intervint la greffe des espèces *Vitis vinifera* sur des porte-greffes américains (*voir* greffage\*), et les plants furent ainsi immunisés. Cette combinaison reste actuellement la seule à donner des raisins et des vins de bonne qualité reconnue dans le monde entier.

La vigne est une plante d'une grande adaptabilité et riche en variétés. Avec l'apparition du phylloxéra en 1860, la recherche en viticulture se développe. Cela conduira, au début du XXᵉ siècle, à réhabiliter les cépages *Vitis vinifera* et à reconstruire les vignobles européens.

## Les cépages

Ce sont toutes nos variétés de raisins.
Elles sont le résultat de sélections naturelles ou humaines en fonction de critères de résistance ou d'aptitudes technologiques (couleur, sucre, grosseur des baies, époque de maturité, rendement...).
Si les cépages peuvent être définis par leurs aptitudes technologiques, on se rend compte que celles-ci sont extrêmement variables suivant le système de conduite\*, le climat et le sol. Ainsi, un même cépage donne des vins très différents selon sa zone de production (comme par exemple le *cabernet sauvignon* cultivé dans le Bordelais, la Loire, le Midi, le Chili, l'Afrique du Sud, l'Australie). Chaque région viticole a sélectionné les cépages les mieux adaptés aux conditions du milieu. On peut constater que les meilleurs vins sont obtenus à partir de raisins cultivés à leur limite de latitude nord de production (*voir* pp. 16-17). Par exemple, la région de prédilection du *pinot noir* est la Bourgogne, vignoble septentrional au climat le mieux adapté.

# Le cycle végétatif de la vigne et sa culture

Suivant un calendrier immuable, dicté par la plante, les travaux de la vigne s'enchaînent tout au long des saisons.

## Le cycle végétatif

La vigne ne peut se développer que si elle connaît un repos l'hiver. Son cycle végétatif se renouvelle de façon identique dans tous les vignobles du monde. Dans l'hémisphère Sud, les saisons sont inversées. Dans notre hémisphère – l'hémisphère Nord –, la vigne s'éveille au début du printemps. La sève monte.

– Les pleurs : la sève s'échappe par les plaies de taille.
– Le débourrement : les bourgeons s'ouvrent. La bourre (le bourgeon jeune) apparaît sur les sarments (rameau de la vigne).
– La floraison : deux mois après le débourrement ont lieu simultanément la floraison et la fécondation.
– La nouaison : c'est la formation des baies.
– La véraison : les baies commencent à changer de couleur et de teinte.
– La maturation : le raisin recommence à grossir, la couleur s'affine, les sucres augmentent et l'acidité diminue. Voici venir la date des vendanges.
– L'aoûtement : depuis la véraison, la plante constitue ses réserves pour le cycle suivant, et ce jusqu'à la chute des feuilles ; celle-ci marque alors le début du repos végétatif.

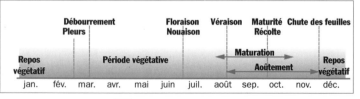

## La conduite et les travaux de la vigne

– Janvier-février : le vigneron taille les sarments de la vigne, à la main. La taille permet la maîtrise des rendements,

le développement de la plante et l'exploitation rationnelle du vignoble.
– Mars : c'est le temps des premiers labours.
– Avril : plantation des jeunes vignes, et remise en état du palissage* qui organise la conduite* de la vigne et permet le soutien de la souche, le maintien de la végétation et la mécanisation des travaux.
– Mai-juin : traitements de la vigne par pulvérisations et soufrages* successivement contre l'oïdium, le mildiou (*voir* pp. 12-13) et autres maladies.
– Juillet : les traitements sont poursuivis si nécessaire. Les sarments trop longs sont taillés ; certaines grappes de raisin sont éliminées pour limiter les rendements et donc obtenir une meilleure qualité de raisin.
– Août : les derniers traitements.
– Septembre-octobre : ce sont les vendanges !
– Novembre : fertilisation du sol et labours.
– Décembre : la roue tourne, et débute la taille de la vigne et les traitements d'hiver.

## Les vendanges

Le choix de la date des vendanges est une décision capitale pour la qualité du vin. La connaissance et l'expérience du vigneron sont indispensables, mais plus aléatoires sont les conditions climatiques de toute la période de maturation. Elles conditionnent la réussite du millésime*. Ainsi, le premier critère de décision est-il le meilleur état sanitaire possible du raisin. Quant à l'objectif visé, c'est un raisin bien mûr. La teneur en sucre traduisant le degré alcoolique n'est pas le seul critère de maturité. En effet, c'est plutôt l'équilibre, entre les sucres qui augmentent et l'acidité qui diminue, qui sera déterminant.

La surmaturation peut être recherchée pour l'obtention de vins moelleux ou liquoreux. Il s'agit alors de concentrer tous les composants de la baie de raisin et particulièrement les sucres. Cette concentration s'opère sous l'effet du *Bothrytis cinerea** (pourriture noble) ou du passerillage (raisins « rôtis » par l'action du soleil et du vent).

Cycle végétatif et travaux de la vigne se superposent tout au long de l'année. Les agents atmosphériques interviennent sur la quantité et la qualité des raisins, déterminant ainsi la particularité de chaque millésime.

# Le terroir

La notion de terroir est fondamentale, indissociable de la plante. Elle est garante de la typicité, de la personnalité et de la qualité des vins. Le terroir englobe le climat et le sol. C'est à lui qu'il convient d'associer les facteurs humains.

**L'alimentation en eau**

Plus que la pluviométrie, la répartition régulière de l'alimentation en eau tout au long du cycle végétatif est un facteur de qualité. Les meilleurs terrains viticoles présentent un bilan hydrique (*voir* pp. 14-15) déficitaire ou faiblement positif.

## Le climat

La vigne possède une grande faculté d'adaptation vis-à-vis de climats extrêmement variés.

D'un point de vue climatique, on distingue :

– le climat régional (macroclimat) auquel sera soumis l'ensemble d'une zone d'appellation (méridional, continental…) ;

– le climat local (mésoclimat) qui, à l'intérieur du climat régional, variera en fonction de l'altitude, la déclivité, l'exposition, la proximité de plan d'eau ou de forêt, et qui permet l'émergence de terrains particuliers ;

– le climat de la plante (microclimat), chaque plante ayant un bilan thermique et lumineux différent en fonction de la densité de plantation, de la conduite* de la vigne… Ici, la part de l'homme est prépondérante.

Les facteurs climatiques ont une importance considérable sur le développement de la plante :

– la température (ou plutôt la somme de températures) est primordiale pour l'installation, le choix et la répartition des cépages* dans les différentes régions viticoles. La fréquence des gelées de printemps peut aussi être déterminante (comme par exemple dans les cuvettes ou les fonds de vallées) ;

– la lumière est le facteur primaire de la photosynthèse*. Elle est rarement le facteur limitant la culture de vignobles dans le monde ;

VIN ET CIVILISATION  VIGNE ET VIGNOBLES  L'ŒNOLOG

– l'eau : la vigne préfère un climat sec avec 400 à 600 mm d'eau par an ;

– les vents sont à craindre s'ils sont violents. Mais ils peuvent aussi assécher l'atmosphère et enrayer les maladies cryptogamiques (provoquées par des champignons microscopiques).

## Le sol

On distingue :

– la roche mère, formation géologique dominante (schiste, calcaire, granite…) ;

– la texture, qui rend compte de la grosseur des particules (argile, limon, gravier, cailloux…) ;

– la structure, qui témoigne de la porosité et joue un rôle essentiel dans l'alimentation en eau et le drainage* ;

– la composition, qui rend compte de la chimie du sol et de sa fertilité.

Il n'existe pas de roche mère meilleure qu'une autre pour produire un grand vin. Cependant, on observe des expressions gustatives qui diffèrent en fonction du type de sol.

Si la texture du sol ne semble pas jouer de rôle dans la détermination de terrain de qualité, en revanche les structures aérées et perméables sont recherchées. Elles permettent un enracinement profond de la vigne et évitent la stagnation de l'eau au niveau des racines.

En ce qui concerne la composition du sol, on constate une supériorité des sols pauvres – producteurs de faibles quantités –, sur les sols fertiles, le rendement n'étant plus forcément le critère recherché en viticulture. À condition bien sûr que la vigne n'ait pas à souffrir de carences ou de toxicités.

## Les facteurs humains

D'un point de vue pratique, l'homme intervient régulièrement pour améliorer le terroir par des aménagements et des travaux du sol, par le drainage, le choix des systèmes de conduite des porte-greffes (*voir* greffage*) et des cépages. D'un point de vue culturel, tous ces choix ont conduit à des us et coutumes qui donnent une image plus forte et plus humaine du terroir.

**Les limites de la vigne**

– La température : la culture de la vigne devient impossible en dessous de – 25 °C et lorsque les températures montent régulièrement au-dessus de 40 °C.
– la latitude : dans la pratique, on considère que la zone de culture se situe entre 30 et 50 degrés de latitude (*voir* carte p. 58).

Le terroir appartient à un écosystème complexe associant des facteurs liés au sol et au climat en regard de cépages et de savoir-faire particuliers. Il est à la base de nos appellations d'origine contrôlée (AOC*).

# La France viticole (1) : trois vignobles de prestige

il en est trois qui se distinguent. Il s'agit des vignobles de Bordeaux, de Bourgogne et de Champagne.

## Bordeaux

C'est un vignoble important par la quantité et la qualité des vins fins produits.

Ici, on privilégie l'assemblage des cépages* contrairement à ce qui se fait en Bourgogne, ce qui donne les cépages : *sémillon, sauvignon, muscadelle* (Blanc) ; *merlot, cabernet sauvignon, cabernet franc, malbec* (Rouge).

On peut diviser le vignoble de la façon suivante :
– rive gauche de la Gironde : Médoc (R) et ses premiers crus classés : Château Latour, Lafite-Rothschild, Mouton-Rothschild à Pauillac ; Château Margaux à Margaux ;
– rive gauche de la Garonne : les Graves (R et B) avec un premier cru* classé, Château Haut-Brion, et Sauternes (B liquoreux) avec Château Yquem ;
– rive droite de la Garonne : le Libournais (R) avec ses grands crus, Château Cheval-Blanc et Château Ausone (St-Émilion), Château Pétrus (Pomerol) ; le Blayais et le Bourgeais ;
– entre Garonne et Dordogne : l'Entre-Deux-Mers (B sec et moelleux, R).

Pour les crus, il existe des classements qui permettent une cotation des différents châteaux sur la place de Bordeaux (*voir* ci-contre), où le négoce se partage l'essentiel du marché.

## La Bourgogne

C'est l'un des plus fameux vignobles, au passé prestigieux et aux vins renommés. Chaque grand vin est issu d'un seul cépage : soit les blancs de *chardonnay*, soit les rouges de *pinot noir*, soit les *beaujolais* de *gamay*. Les blancs d'*aligoté* donnent des vins plus modestes.

---

**Le classement de 1855**
Cette année-là, à l'Exposition universelle de Paris, on demande à la chambre d'agriculture de classer officiellement les grands vins de la Gironde (Médoc et Graves). Ce classement, complété depuis, est toujours en vigueur. Il compte ainsi par ordre de mérite des premiers crus classés, des deuxièmes, des troisièmes, des quatrièmes et des cinquièmes, puis des crus bourgeois.

---

La grande Bourgogne se divise en cinq régions :

– Chablis et Yonne, isolés au nord-ouest à proximité d'Auxerre, produisent des vins souvent exceptionnels parmi les premiers crus et les grands crus (*voir* ci-contre).

– La Côte d'Or, une bande étroite située entre Dijon et Chagny avec Beaune au centre. On y produit les plus grands vins rouges et blancs de France. La côte est encore divisée en Côte de Nuits et Côte de Beaune.

– La Côte chalonnaise prolonge la Côte d'Or vers le sud (R et B).

– Le Mâconnais, plus méridional, (Pouilly-Fuissé B et R).

– Le Beaujolais, du sud de Mâcon aux monts du Lyonnais ; c'est le plus vaste des vignobles bourguignons. On peut distinguer deux groupes principaux : le haut Beaujolais, pays des crus, il en existe dix (Morgon, Saint-Amour…) et le bas Beaujolais, qui produit des vins plus fruités et gouleyants*, ainsi que l'essentiel des beaujolais nouveaux.

## Champagne

De réputation mondiale, c'est le vin de fête par excellence. Le vignoble s'étend principalement sur les départements de l'Aisne et de l'Aube, avec Reims au nord et Épernay au centre. Il se divise entre la Côte des Blancs, qui est le terroir (*voir* pp. 16-17) de prédilection du cépage blanc *chardonnay*, la Montagne de Reims, la vallée de la Marne et le vignoble de l'Aube où l'on trouve dans l'ordre (en termes de quantité de production) les cépages noirs – *pinot meunier* et *pinot noir* – et le *chardonnay*. Ces cépages sont généralement assemblés pour réaliser la cuvée* sur laquelle on fera la prise de mousse (c'est-à-dire la deuxième fermentation, *voir* pp. 34-35).

Le classement des communes se fait selon une échelle des crus cotée en pourcentage (pourcentage correspondant au prix de vente des raisins par rapport à un prix plafond fixé) ; ce qui donne, dans l'ordre, des grands crus (neuf communes à 100 %), des premiers crus (de 90 à 99 %) et des seconds crus (de 77 à 89 %). On produit des champagnes « blanc de blancs » (issus du seul cépage blanc), des champagnes rosés (assemblage de blanc et de noir), des champagnes sans année (assemblage de plusieurs récoltes), des champagnes millésimés (pour les bonnes années).

**Réglementation des appellations en Bourgogne**

On y distingue quatre grandes catégories d'appellations :
– les appellations régionales (ex. : Hautes Côtes de Nuits) ;
– les appellations communales (ex. : Meursault) ;
– les appellations communales plus le nom d'un climat, ce sont les premiers crus (ex. : les Charmes) ;
– enfin les grands crus, ils portent le nom d'un climat seul (ex. : la Romanée-Conti).

Bordeaux, Bourgogne, Champagne (*voir* carte pp. 58-59). Trois brillantes appellations, aux vins presque mythiques, qui rayonnent à travers le monde.

# La France viticole (2) : les vignobles septentrionaux

La particularité de la France réside dans l'extraordinaire gamme de vins qu'elle produit. Au nord d'une ligne horizontale qui passerait par Bordeaux et Valence se répartissent les vignobles dits septentrionaux.

## Alsace

C'est le vignoble le plus septentrional. Il s'étend au long de la plaine rhénane entre Strasbourg, Colmar et Mulhouse au pied des Vosges. Une particularité : le cépage\* donne son nom au vin d'Alsace. Les cépages sont essentiellement blancs : *riesling, gewurztraminer, pinot gris, muscat, sylvaner, clevner* (Blanc) et *pinot noir* (Rouge).

Les différentes appellations sont : Vin d'Alsace (Alsace suivi du nom du cépage), Alsace grand cru (ce sont vingt-six lieux-dits), Crémant d'Alsace (vin effervescent).

Les blancs sont généralement secs bien typés, mais on trouve aussi deux spécialités de vins naturellement doux : vendanges tardives et sélection de grains nobles (*voir Bothrytis cinerea\**).

## Jura-Savoie

– Le vignoble du Jura se répartit par îlots à l'est de la Bourgogne au pied du premier plateau jurassien.

Cépages : *savagnin* et *chardonnay* (B) ; *poulsard, trousseau* et *pinot noir* (R).

Les différentes appellations sont : Arbois, Arbois Pupillin, Côtes-du-Jura, L'étoile et, la plus célèbre, Château-châlon. On y produit des vins blancs, rosés ou rouges et, particulièrement, du vin jaune (*voir* ci-contre) et du vin de paille (un vin naturellement doux, *voir* pp. 34-35).

– Le vignoble de Savoie se situe sur les contreforts des Alpes, dans les départements de Savoie, de l'Ain et de l'Isère.

Cépages : *roussette* (ou *altesse*), *chassela*s, *jacquère* (B) ; *mondeuse* (R).

**Vin jaune (ou vin de voile)**
Il s'agit d'un vin au caractère oxydé, d'un vin blanc sec abandonné durant au moins six ans en fût et sans ouillage (*voir* pp. 36-37). L'évaporation naturelle crée une « vidange » (un vide rempli d'air) ; il se forme alors à la surface un voile de levures qui permet une oxydation ménagée de l'alcool. D'où son fameux « goût de jaune » qui rappelle celui de la noix.

VIN ET CIVILISATION    VIGNE ET VIGNOBLES    L'ŒNOLO

On y distingue les appellations suivantes : Vin de Savoie, Roussette de Savoie, Crépy, Seyssel, Bugey (VDQS*).
On y produit surtout des vins blancs, fruités secs.

# Vallée de la Loire

Le vignoble accompagne la Loire et ses affluents, de sa source à son embouchure. On y distingue quatre grandes régions de production :

– le Nivernais. Dans cette partie de la vallée supérieure de la Loire, un cépage blanc domine : le *sauvignon*. On y dénombre cinq petit vignobles indépendants dont Pouilly-Fumé et Sancerre. C'est une production composée essentiellement de vins blancs secs aux parfums caractéristiques ;

– la Touraine. Ce vignoble repose sur une immense nappe de craie jaune appelée tuffeau, favorable au cépage blanc, le *chenin blanc* (ou *pineau de la Loire*). Quant aux cépages rouges, on note avant tout le *cabernet franc* (ou *breton*).
Les appellations d'origine contrôlée (AOC*) les plus connues sont : Vouvray et Montlouis (B secs, demi-secs ou mœlleux), Bourgueil et St-Nicolas-de-Bourgueil (R), Chinon (R, B et rosé), Jasnières (B) et Coteaux du Loir (R, B et rosé) ;

– Anjou-Saumur. Le vignoble se situe principalement au sud d'Angers sur la rive gauche de la Loire. Ici encore dominent le *chenin* et le *cabernet franc*.
Les AOC les plus connues sont : Saumur (R, B, B mousseux), Saumur-Champigny (R), Coteaux du Layon (B mœlleux), Savennières (B) ;

– Le Pays nantais. C'est le pays du Muscadet (vin blanc sec).

# Les Côtes du Rhône septentrionales

Au nord et à l'est de Valence, on trouve le plus souvent des vignobles escarpés disposés en terrasses. On y produit des vins rares mais de réputation mondiale. Ils sont issus, pour la plus grande part, d'un seul cépage, la *syrah* pour les rouges, le *viognier* ou la *roussanne* (et *marsanne*) pour les blancs.
Les appellations : Côte-Rôtie (R), Château-Grillet et Condrieu (*viognier*), Saint-Joseph, Crozes-Hermitage, Hermitage (R et B), Cornas (R), Saint-Péray (B sec et mousseux), auxquelles s'ajoute dans le Diois la fameuse Clairette de Die.

> **Quelques grands crus**
> Bonnezeaux et Quarts de Chaumes sont deux grands crus de blancs liquoreux parmi les Coteaux du Layon ; la Coulée de Serrant et la Roche aux Moines sont deux grands crus de Savennières en blanc sec.

> À côté des plus prestigieuses appellations, les vignobles de la France septentrionale ont la particularité de proposer des vins de monocépage qui tirent, presque exclusivement, leur originalité du terroir.

# La France viticole (3) : les vignobles méridionaux

La liste est impressionnante, des vins les plus réputés aux moins connus. La présentation des appellations méridionales ne peut donc être exhaustive. Au sud de Valence, les vignobles méridionaux bénéficient d'un climat plus chaud et de conditions souvent plus favorables qu'au nord.

## Les Côtes du Rhône méridionales

Au sud de Valence se trouve le vignoble de l'appellation générique Côtes du Rhône, mais aussi de terroirs (*voir* pp. 16-17) particuliers couverts de galets blancs roulés qui produisent des vins célèbres et très appréciés.

Treize cépages* sont admis, dont : *roussanne, marsanne, bourboulenc, clairette* (Blanc) ; *grenache, cinsault, syrah, mourvèdre* (Rouge).

Les appellations d'origine : Châteauneuf-du-Pape, Gigondas, Vacqueyras (R), Lirac, Tavel (rosé et R), Rasteau et Muscat de Beaumes-de-Venise (vins doux naturels).

## Languedoc-Roussillon

C'est un vaste vignoble, le plus important du monde, ouvert largement sur le golfe du Lion. Cette région à vocation essentiellement viti-vinicole – 40 % du vignoble national –, propose aujourd'hui de nombreuses AOC* produisant des vins de qualité. Une multitude de cépages dont voici les principaux : *clairette, mauzac, picpoul, macabeu, bourboulenc, muscat* (B) ; *carignan, grenache, cinsault, syrah, mourvèdre* (R).

Les appellations : Coteaux du Languedoc dont Faugères et Saint-Chinian, Clairette du Languedoc (B), Blanquette de Limoux (B effervescent), Corbières et Fitou, Minervois, Côtes du Roussillon et Côtes du Roussillon-villages, Collioure ; pour les vins doux naturels (*voir* pp. 34-35), on peut noter le Banyuls, le Maury et différents muscats.

En général, les vins sont rouges, souvent solides et bien corsés, parfois riches et puissants.

**Le Sillon rhodanien**

Voie traditionnelle d'invasions et d'échanges, la vallée du Rhône a connu la vigne très tôt, avec les premières invasions romaines au I er siècle. Le vignoble s'installe sur les deux rives du Rhône entre Vienne et Avignon, et de la Drôme (plus à l'est) autour de Die.

VIN ET CIVILISATION | VIGNE ET VIGNOBLES | L'ŒNO

## Provence-Corse

– Le vignoble de Provence s'étend au-delà et à l'est du Rhône à proximité du littoral méditerranéen. Sous un soleil généreux mûrissent des cépages bien sudistes : *clairette, marsanne, ugni blanc* (B) ; *grenache, cinsault, mourvèdre* (R).

Quelques appellations se sont toujours distinguées : Palette, Cassis, Bandol, Bellet et Côtes de Provence.

La Provence est surtout connue pour ses vins rosés (légers et bouquetés\*), mais on y trouve aussi d'excellents vins rouges qui peuvent être de longue garde (c'est-à-dire qui ont intérêt à vieillir) et quelques délicieux vins blancs.

– Le vignoble de Corse s'installe en grande partie sur le pourtour de cette île méditerranéenne au relief montagneux.

On y trouve des cépages authentiques : *niellucio* et *sciacarello* (R) ; *vermentino* (B).

Deux appellations d'origine se démarquent : Patrimonio et Ajaccio, qui produisent les meilleurs vins rouges.

## Le Sud-Ouest

Il existe une mosaïque de vignobles entre Bordelais et Languedoc-Roussillon. Une région passionnante par la diversité de ses terroirs, par la multitude de ses cépages, et par la gamme de ses vins aux styles variés.

Les appellations sont nombreuses ; voici les principales : Cahors (R), Gaillac (R, rosé, B sec ou mœlleux, mousseux traditionnel), Côtes du Frontonnais (R), Madiran (R), Pacherenc du Vic-Bilh (B), Jurançon (B liquoreux ou sec), Irouléguy (R, B ou rosé), Béarn (R, B ou rosé), Marcillac (R), Côtes de Buzet (R, B ou rosé), Côtes de Duras (R, B), Bergerac (R, B sec et mœlleux, rosé)…

> À la différence des vins septentrionaux (*voir* pp. 20-21), les vins méridionaux sont en général le résultat d'assemblages entre différents cépages (en relation avec leur terroir).

# L'Europe viticole (1) : Europe du Nord et Europe centrale

L'Europe est le creuset d'une viticulture en perpétuelle évolution. Chacun de ses États, en dessous du 50e parallèle, possède son vignoble original. Il en résulte une multitude d'appellations et de vins qui font de notre continent un véritable musée vivant, rayonnant à travers le monde.

## Allemagne

C'est une région septentrionale au climat souvent frais. Les vignobles se situent dans l'ouest et le sud du pays à proximité des cours d'eau, dans les vallées du Rhin et de ses affluents.

L'Allemagne produit surtout des vins blancs secs, mais aussi des demi-secs et de grands liquoreux. Ils sont élaborés à partir de cépages* classiques tels que les *riesling* et *sylvaner*, ou d'hybrides entre les deux précédents : *müller-thurgau* et *scheurebe*.

Les vins d'appellation sont remarquables et jouissent d'une renommée mondiale. On identifie treize régions viticoles officielles dont les plus connues sont, par exemple, la Moselle, le Rheingau, le Palatinat…

Après l'origine géographique, le second critère de distinction des vins allemands est leur niveau de qualité optimale. Celui-ci est classé en trois catégories selon la teneur en sucre des moûts* du raisin : *Landwein, Qualitätswein, Qualitätswein mit Prädikat.*

## Autriche-Suisse-Benelux

– L'Autriche offre désormais une gamme de vins dont la qualité ne cesse de s'améliorer. Les blancs représentent l'essentiel de la production avec quelques magnifiques liquoreux issus de vendanges tardives.

**Suprématie des vignobles européens**

De tradition culturelle européenne, le vin est largement présent sur notre vieux continent. Les vignobles y représentent 80 % de la superficie cultivée à l'échelle planétaire et deux tiers de la production mondiale de vin.

VIN ET CIVILISATION | VIGNE ET VIGNOBLES | L'ŒNOLO

Le principal cépage blanc est le *grüner veltliner*, on trouve aussi du *müller-thurgau*, du *riesling*.

Il existe quatre régions viticoles principales : la Basse-Autriche (au nord-est) qui produit les meilleurs vins blancs, le Burgenland (au sud-est) propose d'excellents liquoreux, la Styrie (frontière yougoslave), Vienne et son propre vignoble (aux portes de la capitale).

– La Suisse possède de jolis vignobles accrochés aux coteaux les mieux exposés, le long des fleuves ou sur les rivages des lacs Léman et de Neuchâtel. Les deux tiers des vins sont blancs, produits à partir des cépages *chasselas* (le Fendant), *riesling*, *sylvaner*... Les rouges sont à base de *pinot noir* ou de *merlot*.

Les principaux cantons producteurs sont : Vaud et Valais (ce sont les plus réputés, ils produisent les meilleurs vins) ; Genève ; Neuchâtel ; le Tessin (en Suisse italienne).

– Parmi les pays du Benelux, principalement producteurs de vins blancs, le Luxembourg semble avoir la meilleure qualité.

## Danube et mer Noire

Ces régions, fortes de véritables traditions viticoles, présentent une certaine unité, avec des cépages et des styles de vins qui se ressemblent. Jadis, les meilleurs garnissaient la cave des tsars. Puis, quatre décennies de régime communiste ont profondément marqué les structures viticoles. Aujourd'hui, avec la libéralisation, on assiste à un renouveau de cette viticulture promise, semble-t-il, à un bel avenir. Quelques cépages autochtones mais aussi l'implantation de cépages français participent à l'amélioration de la qualité des vins de cette région. Les pays producteurs sont, entre autres : la Hongrie et ses fabuleux vins liquoreux de Tokay, les Républiques tchèque et slovaque, la Bulgarie, la Roumanie (un des plus importants), ainsi que certains États de l'ex-URSS (Moldavie, Ukraine, Russie, Géorgie, Arménie et Azerbaïdjan).

**Ailleurs en Europe**
D'autres petits vignobles existent :
en Angleterre, au pays de Galles ;
en ex-Yougoslavie...

Au-delà du Bassin méditerranéen, l'Europe (plus septentrionale) propose, d'est en ouest, des vins aussi remarquables que variés. Essentiellement blancs, ils appartiennent à toutes les catégories, des vins les plus secs aux plus grands liquoreux.

# L'Europe viticole (2) : Europe du Sud et Bassin méditerranéen

**Le Bassin méditerranéen offre un climat des plus favorables à la culture de la vigne. La plupart des vignobles européens s'y maintiennent au plus haut niveau de production, et proposent une gamme de vins riche et variée.**

**Mosaïque représentant les vendanges dans la vallée du Douro au Portugal, région de prédilection du porto.**

## Espagne et Portugal

L'Espagne est le pays qui possède la plus grande surface plantée en vignes du monde. Les vignobles sont dispersés dans tout le pays et présentent une immense variété de vins, dont trente-neuf DO (Dénomination d'origine – dénomination espagnole).

Les vins sont désignés de la façon suivante : vino joven (vin jeune), vino de crianza (vin de race), réserva, gran réserva.

Les régions de production en Espagne sont :

– le vignoble de la Mancha, le plus étendu avec l'appellation Valdepenas ;

– le Levant avec les appellations Valencia, Utiel-Requena, Jumilla, Yecha, Alicante, etc. ;

– la Catalogne et ses fameux vins du Panades (Rouge, Blanc et rosé) et de Cavas (effervescents) ;

– la haute vallée de l'Ebre et son plus renommé vignoble de qualité : la Rioja, souvent comparée au Bordelais. Ces deux régions ont d'ailleurs un passé intimement lié. On produit ici les meilleurs vins rouges à base de cépage* *tempranillo*. Dans cette région se trouvent aussi les vignobles de Navarre et de Ribera del douero (*voir* ci-contre) ;

– l'Andalousie et ses fameux vins d'apéritifs : le malaga et surtout le xérès aux goûts si particuliers ;

Le Portugal est une terre de contrastes. On y trouve toute une gamme de vins dont le plus réputé est le porto, exporté dans le monde entier. L'essentiel du vignoble se situe au

VIN ET CIVILISATION | VIGNE ET VIGNOBLES | L'ŒNOL

nord, planté en terrasses le long des vallées du Douro et du Mondego. Il existe sept régions délimitées dont voici les vins les plus connus : Dão et Douro (au nord), Colares et Moscatel de Setúbal près de Lisbonne et les vinhos verdes (vins verts, vifs et légèrement pétillants qui proviennent de la région nord-ouest).

## Italie

C'est la terre du vin. La vigne s'étend sur tout le territoire national. On y produit tous les styles de vins. Les DOC (Dénominations d'origine contrôlée – dénominations italiennes) s'apparentent plus ou moins aux AOC* françaises. On distingue :

– au nord-ouest, le Piémont, avec les vins mythiques de Barolo et Barbaresco issus du cépage rouge *nebbiolo* ; l'Asti, le mousseux le plus vendu dans le monde ; les Barbera d'Asti et Barbera d'Alba, du nom du cépage rouge le plus répandu en Piémont… Sans oublier les vins de Lombardie ;

– au nord-est : la Vénétie, avec la DOC Soave (B), les DOC Bardolino et Valpolicella (R), la Frioul et Vénétie julienne, pour les meilleurs vins blancs d'Italie ;

– au centre : la Toscane, grande région de rouges dont le plus célèbre est le Chianti. Notons également le Brunello di Motalcino (R), vin puissant d'une grande aptitude au vieillissement ;

– au sud : le Latium, aux vins légers (B) issus des cépages *trebbiano* et *malvoisie*, et d'autres vignobles comme la Campanie…

– les îles : la Sardaigne, la Sicile et son vin de dessert, le Marsala (vin doux naturel, *voir* pp. 34-35).

## La Grèce

Dans l'Antiquité, les vins grecs jouissaient d'une excellente réputation. Il en reste comme héritage le traditionnel Retsina, vin blanc aromatisé à la résine de pin que l'on retrouve partout en Grèce. Les autres vignobles, qu'ils soient du Nord, du Centre, du Péloponnèse ou des îles, produisent différents types de vins blancs, rouges ou de liqueur (le Muscat de Samos) de qualités inégales.

**En Ribera del douero**
Ce célèbre domaine espagnol, Vega Sicilia, produit un vin parmi les meilleurs et les plus chers du monde.

**Quelques vins italiens particuliers**
On peut citer le Lambrusco, vin rouge effervescent, et le Lacrima Christi (larmes du Christ) produit dans la région du Vésuve.

Les rives de la Méditerranée ont été le berceau de la viticulture. La plupart de ses vignobles ont un passé prestigieux. Aujourd'hui, leur enracinement est encore plus profond et leur suprématie internationale se confirme.

# Autres vignobles du monde

Ailleurs sur notre globe émergent les vignobles dits du « Nouveau Monde », des Amériques à l'Afrique en passant par l'Australie et la Nouvelle-Zélande. Les quantités produites sont impressionnantes et la qualité des vins souvent remarquable. Quant à la progression sur le marché, elle est spectaculaire.

## Présentation

Dans ces pays du « Nouveau Monde », le concept de « vin de cépage » domine, issu d'une seule variété de raisin mentionnée sur l'étiquette.

Les cépages* sont essentiellement européens ou hybrides entre souches européennes et souches américaines.

Les plus cultivés sont : *chardonnay, sauvignon, sémillon, riesling, muscat* (Blanc) ; *cabernet sauvignon, syrah, merlot, pinot noir* (Rouge).

Les vins sont généralement vendus sous un nom de marque.

## L'Amérique du Nord

On élabore du vin dans quarante-cinq des cinquante États d'Amérique du Nord.

La Californie est la zone de production la plus dynamique et la plus puissante. C'est via le Mexique par l'intermédiaire des missionnaires franciscains qu'est apparue il y a près de deux cents ans la vigne dans ce pays. La viticulture se répand ensuite avec la conquête de l'Ouest à partir de 1849 grâce aux nouveaux colons européens. Puis elle traverse plusieurs crises, pour être aujourd'hui à nouveau solide et prospère.

Les zones côtières produisent les meilleurs vins, les plus renommés viennent de la Napa Valley et du comté de Sonoma en Californie.

## L'Amérique centrale et du Sud

La vigne est introduite par les conquistadors espagnols au XVIᵉ siècle. Partie du Mexique, elle se développa au nord et au sud du Nouveau Monde.

**Ailleurs dans le monde**

D'autres vignobles existent dans d'autres coins du monde : en Inde, en Chine, au Japon, au Liban, en Turquie, en Israël, en Afrique du Nord…

VIN ET CIVILISATION | VIGNE ET VIGNOBLES | L'ŒNOLO

Les principales régions viticoles d'Amérique du Sud se situent de part et d'autre de la cordillère des Andes, au Chili et en Argentine. On trouve également des vignobles en Colombie, au Mexique, au Pérou, au Brésil, en Uruguay...

## Australie

Ce pays présente un style de vin bien particulier, qui correspond aux besoins du marché ; des « vins modernes », d'une qualité constante, tout de suite prêts à boire, souvent appréciés des consommateurs.

La vigne est arrivée en 1788 par le cap de Bonne-Espérance. Le vignoble se concentre aujourd'hui dans le sud-est et le sud-ouest du continent au long de la côte ou du cours des fleuves. Les régions viticoles sont la Nouvelle-Galles du Sud (et les fameux vins de Hunter Valley au nord de Sydney), Victoria, l'Australie méridionale et les vins de la Barossa Valley (au nord d'Adélaïde), enfin l'Australie occidentale.

## Nouvelle-Zélande

La Nouvelle-Zélande possède une industrie vinicole moderne au développement rapide depuis les années 1970, et qui fait de gros efforts de communication. Les vins sont appréciés à travers le monde, d'où un fort marché à l'export. La viticulture néo-zélandaise comme celle d'Australie date de la colonisation européenne au début du XIX$^e$ siècle. Les trois quarts des vignes sont, dans l'Île du Nord, dans les régions d'Auckland, de Gisborne et de Hawkes' Bay. Au sud de cette île, on peut citer Wairarapa pour sa réputation mondiale.

## L'Afrique du Sud

La viticulture y est très ancienne, puisqu'elle remonte au milieu du XVII$^e$ siècle avec la plantation des premières vignes par les colons néerlandais. Déjà, au début du siècle suivant, le célèbre vin de dessert de Constantia est exporté vers l'Europe. Puis, après des années d'errements, puis d'isolement, l'Afrique du Sud se raccroche aujourd'hui au marché international en suivant les tendances et les techniques de la viticulture moderne.

Les principales zones de production se situent sur la plaine côtière.

> Aux antipodes de notre globe se développent les vastes et florissants vignobles du « Nouveau Monde ». La plupart d'entre eux furent plantés par des Européens. Mal connus jusqu'à il y a une vingtaine d'années, il faut désormais compter avec eux sur la scène internationale.

# Chimie et biochimie du vin

Le terroir et le cépage s'exprimeront dans le raisin. Mais ces caractères seront transcendés par les phénomènes de fermentation qui apporteront richesse et complexité.

## Composition du raisin

Parmi les composés du raisin, le premier – quantitativement (en dehors de l'eau) – est le sucre. Ou plutôt les sucres (glucose, fructose), mais aussi les sucres dits infermentescibles car ils ne peuvent pas être transformés en alcool. On trouve aussi des acides organiques* : acides tartriques, maliques et un peu d'acide citrique. Les composés dits phénoliques* sont, eux, très importants car on trouve parmi eux les tanins* responsables de l'astringence* et facteurs de garde des vins rouges, les anthocyanes, pigments responsables de la couleur rouge, et des précurseurs d'arômes. Des substances minérales et de très nombreuses vitamines sont aussi présentes dans le raisin. En résumé et en moyenne : 86 % d'eau, 12 % de sucres fermentescibles, 2 % de molécules qui feront la qualité du vin.

Sucre
+
Levures

↓

Alcool éthylique
+
Gaz carbonique
+
Chaleur
+
Produits secondaires

## La fermentation alcoolique

Le processus microbiologique fondateur du vin est la fermentation alcoolique, qui est réalisée par des levures (*voir* encadré). Lorsque les conditions sont favorables (température, absence de toxiques notamment), elles transforment le sucre en alcool avec production de gaz carbonique et de chaleur. Il faut en moyenne par litre dix-sept grammes de sucre pour produire un degré d'alcool. Cette transformation nécessite une trentaine d'opérations réalisées par des enzymes sécrétées par les levures.

Chacune de ces réactions donne lieu à la création de produits intermédiaires, eux-mêmes parfois dégradés en d'autres produits résiduels. Dans le vin fini, il restera des traces de ces composés qui sont dits secondaires. On en a répertorié plus de deux cent cinquante, dont le rôle est important dans le caractère gustatif des vins.

> **« La plus hygiénique des boissons » (Pasteur)**
> On divise les micro-organismes en quatre catégories : utiles, banals, d'altération (néfastes au produit), pathogènes (néfastes à l'être humain). Dans le vin, il n'y a jamais de micro-organismes pathogènes.

## La fermentation malolactique : la « malo »

La fermentation malolactique est un processus dû à des bactéries. Il s'agit de la production d'acide lactique à partir de l'acide malique présent dans le raisin. Celui-ci étant un acide plus fort que l'acide lactique, il en résulte une légère désacidification accompagnée de modification aromatique et de production de gaz carbonique. La quasi-totalité des vins rouges font leur « malo ». Pour les blancs, la recherche de vins plus acides et aromatiques fait que l'on évitera en général la mise en œuvre de la « malo ». Une exception de taille cependant pour les vins blancs de Bourgogne.

> **Le levurage**
> Les levures sont présentes sur le raisin et dans l'atmosphère du chai. Mais le viticulteur peut choisir d'utiliser des levures naturelles sélectionnées pour mieux maîtriser les fermentations.

## Un produit fermenté

Il n'existe pas une seule bactérie et une seule levure, mais plusieurs familles à l'intérieur desquelles on reconnaît plusieurs souches qui se différencient par leur comportement fermentaire et leurs produits secondaires.

Les composés du vin varieront en fonction du déroulement des processus microbiologiques. On trouvera ainsi l'alcool éthylique mais aussi le glycérol, principal composé secondaire, parfois l'acide lactique et de nombreux éléments volatiles souvent aromatiques.

> Le vin est un produit complexe dans lequel on a répertorié plus de cinq cents composés différents. Ceux-ci proviennent soit de l'extraction d'éléments du raisin, soit des processus microbiologiques.

# Vinifications en blanc et en rouge

La vinification est l'ensemble des opérations mises en œuvre pour transformer en vin le jus de raisin. Comme il existe de multiples façons de procéder, vinifier c'est faire un choix en s'appuyant sur un savoir-faire mais aussi sur une part irréductible d'intuition.

**Macération pelliculaire**

Cette technique vise à renforcer les arômes des vins blancs en faisant macérer le jus avec la peau (ou pellicules) après un foulage-éraflage, quelques heures avant le pressurage.

## Les techniques de base

Il y a deux grands types de vinification : en blanc et en rouge. La grande différence tient au fait que le raisin est pressuré avant fermentation dans le cas des vins blancs, alors qu'il y a une macération plus ou moins longue pendant les fermentations dans le cas des vins rouges.

Un certain nombre de techniques sont communes :

– le foulage consiste en l'éclatement de la baie pour mettre en contact le jus avec la peau, et les levures (*voir* pp. 30-31) avec le sucre ;

– l'égrappage ou éraflage consiste à enlever la partie ligneuse de la grappe, sa macération pouvant entraîner des goûts végétaux et d'astringence\* marqués ;
– le pressurage consiste à séparer par pression les parties solides du jus.

## Quatre à dix jours de fermentation alcoolique

La fermentation dure en moyenne de quatre à dix jours. Pour en vérifier le bon déroulement, on surveille la densité du moût\* qui doit baisser continuellement car le sucre est remplacé par de l'alcool moins dense ; on prête aussi attention à la température car la fermentation produit de la chaleur ; or la plupart des levures meurent au-dessus de 35 °C.

## La technique propre aux blancs

– Le débourbage : il s'agit d'une phase qualitative très importante dans l'élaboration des vins blancs. Le jus sortant du pressoir est en général impur, c'est-à-dire chargé de particules en suspension. On le laisse donc reposer quelques heures puis, par soutirage, on récupère la partie la plus limpide.

## Les techniques propres aux rouges

– La cuvaison : c'est le temps pendant lequel le jus ou le vin reste en contact avec les parties solides (de trois à trente jours). On extrait ainsi assez rapidement la couleur et des arômes puis, plus lentement, les tanins\* et le gras (composé donnant la sensation de volume du vin). On peut accélérer ou compléter cette extraction par diverses techniques : remontage\*, pigeage\*, température élevée.

– L'écoulage : c'est l'opération qui suit la cuvaison, on récupère la partie liquide appelée vin de goutte, soit 85 % du vin. Le reste, provenant du pressurage, est appelé vin de presse ; en général plus astringent, il sera ou non réincorporé au vin de goutte selon le choix du viticulteur.

Ce n'est pas la couleur du raisin qui distingue les vins blancs des vins rouges, mais deux processus d'élaboration différents, même si un certain nombre de techniques restent communes.

# Les vinifications particulières

Vins doux, rosés, effervescents sont certainement aussi célèbres que les vins rouges et blancs classiques. Mais leur élaboration fait appel à des techniques délicates et bien différentes.

**Dom Pérignon**
C'est à la fin du XVIIe siècle que naissent les champagnes issus probablement d'une création progressive et collective. Mais c'est au nom de dom Pérignon, moine célèbre, que restera attachée cette invention.

## Vins doux

On distingue les vins naturellement doux et les vins doux naturels.

– Un vin naturellement doux est obtenu à partir d'un moût* particulièrement riche en sucre. Le sucre comme l'alcool étant toxiques pour les levures, lorsqu'ils sont arrivés à un certain niveau de fermentation*, le cumul de ces deux éléments ralentit fortement, voire stoppe la fermentation ; il reste alors une plus ou moins grande quantité de sucre non transformé ; c'est un vin naturellement doux.

– Les vins doux naturels sont tous des AOC*. Dans ce cas, afin de conserver une certaine quantité de sucre, on stoppe la fermentation par l'ajout d'alcool, le degré étant amené autour de 16 à 17 % : c'est le mutage à l'alcool. Les Banyuls, les Maury, de nombreux muscats sont ainsi élaborés. Dérivé de la même technique, l'ajout massif d'alcool (15 à 16 %) sur un jus a pour effet d'empêcher toute fermentation.

Le Pineau des Charentes, le Floc de Gascogne et le Macvin (du Jura) sont ainsi faits ; il s'agit alors de produits appelés mistelles.

## Vins rosés

Le rosé n'est pas un assemblage de vins blancs et de vins rouges ; ce n'est pas non plus sa couleur qui le définit, mais des pratiques. On trouvera ainsi des rosés de saignée qui proviennent de l'écoulage partiel ou total (*voir* pp. 32-33) d'une cuve après quelques heures de macération* avant fermentation, et des rosés de pressurage direct, souvent appelés gris, plus pâles, pour lesquels il n'y a pas de macération. Dans les deux cas, la fermentation s'effectue en jus comme pour les vins blancs.

# Vins effervescents

Dans la technique dite ancestrale, on enferme dans une bouteille un vin partiellement fermenté, la fin de fermentation donnant l'effervescence souhaitée. Afin d'obtenir un produit plus ou moins sucré, on appauvrira le jus en éléments nutritifs pour les levures (essentiellement en azote) ; ainsi, celles-ci vont s'épuiser avant la transformation complète des sucres en alcool, ce qui est une technique très approximative.

| Types d'effervescent | |
|---|---|
| En fonction de l'effervescence, on distingue : | |
| – pétillant | de 1 bar à 2,5 bars |
| – crémant | de 2,5 bars à 3,5 bars |
| – mousseux | > 3 bars |
| En fonction de la sucrosité, on distingue : | |
| – extra brut | de 0 à 6 g/l |
| – brut | < 15 g/l |
| – extra dry | de 12 à 20 g/l |
| – sec | de 17 à 35 g/l |
| – demi-sec | de 35 à 55 g/l |
| – doux | > 50 g/l |

Il s'agit ici de catégories non exclusives, pouvant donc se regrouper.
Le producteur indique sur la bouteille la catégorie de son choix.
Par exemple, avec 17 g/l de sucrosité, il peut choisir entre les deux catégories extra dry ou sec.

La technique aujourd'hui la plus courante est la méthode traditionnelle, jadis appelée méthode champenoise. On pratique d'abord une fermentation totale du vin ; on ajoute alors sucre et levure, mélange appelé liqueur de tirage, et l'on met en bouteille. Se déclenche alors une deuxième fermentation, complète, que l'on appelle la prise de mousse.

Dans les deux techniques, on amène progressivement les bouteilles tête en bas pour y faire glisser le dépôt formé ; c'est la mise sur pointe. Ce dépôt sera expulsé lors du dégorgement et l'on refera alors le plein, soit avec une liqueur d'expédition (sucre + vin) – secret de chaque élaborateur et plus ou moins sucré, pour les méthodes traditionnelles –, soit simplement avec du vin, pour les méthodes ancestrales.

Sur des vins plus simples, on pratique une troisième méthode, celle de la cuve close. La technique est assez proche de la méthode traditionnelle, si ce n'est que la deuxième fermentation s'effectue en cuve et non en bouteille, ce qui a pour effet de raccourcir la durée de la prise de mousse, élément déterminant de la qualité des effervescents.

> Un certain nombre de techniques originales mises au point au cours des siècles ont donné naissance à des vins différents des formules classiques. Vins doux, rosés, vins effervescents sont les principaux représentants de ces vinifications particulières.

# L'élevage

Travail du vin avant la mise en bouteille, l'élevage a pour but de permettre au vin de se révéler dans tout son éclat.

**La gravelle**

C'est le nom donné au dépôt cristallin que l'on a parfois dans les fonds de bouteille ou sur le bouchon. Il ne s'agit pas de sucre mais de sels tartriques* naturels qui peuvent se déposer au cours du vieillissement du vin.

## Précautions

Après la vinification (*voir* pp. 32 à 35), la première attention est de mettre en œuvre des protections. En premier lieu, protection vis-à-vis d'agents biologiques : en effet, le vin est un milieu d'accueil pour de nombreux micro-organismes, dont certains sont susceptibles de dégrader le vin. La première protection est d'avoir une cuverie propre pour éviter les contaminations. On peut aussi utiliser, en petite quantité, le soufre, qui empêche le développement de la plupart des micro-organismes d'altération. En deuxième lieu, protection vis-à-vis de l'air, car l'oxygène peut entraîner une oxydation indésirable des arômes. La meilleure des protections est de posséder des contenants toujours pleins. L'ouillage, qui consiste à faire le plein, fait partie des travaux classiques de l'élevage.

## Limpidité

Pour des raisons de présentation mais aussi parce que les troubles importants sont souvent néfastes d'un point de vue gustatif, on cherche à obtenir des vins limpides.

**Tastevin**
Cet ancien instrument de travail du négoce a l'aspect d'une tasse basse en métal poli ou argenté et au fond irrégulier. Son but était de permettre avant tout une bonne observation de la limpidité du vin par réflexion de la lumière.

Si l'on dispose de temps et de vin capable de supporter un élevage long, l'utilisation de petits contenants et la simple sédimentation* accompagnée de soutirage* permet d'obtenir une limpidité satisfaisante. Sinon, ou pour compléter, on aura recours aux techniques de collage ou de filtration.

– Le collage est l'ajout d'une molécule entraînant vers le fond les particules en suspension du vin. Le collage donnera toujours une clarté plus grande que la sédimentation, il fixe des éléments microscopiques et a un effet stabilisant sur la limpidité.

– La filtration est le passage du vin au travers d'une matière qui retiendra les particules.

## Aération

En fonction de sa composition, le vin a plus ou moins besoin d'oxygène. On l'apporte soit en continu – c'est l'oxygénation ménagée –, soit par des apports violents et ponctuels.

Habituellement, l'apport en continu se fait par des matériaux faiblement poreux (bois). Si cet apport se révèle insuffisant pour les besoins du vin ou si le matériau n'est pas poreux (inox), on a recours à des soutirages aérés ; plus violent, ce mode d'apport est à manier avec précaution et peut être néfaste, surtout sur les vins de faible structure (rouges légers, rosés, blancs aromatiques).

Par chance, ce type de vin a en général des besoins en oxygène faibles.

L'élevage est l'ensemble des opérations menées depuis la fin des vinifications jusqu'à la mise en bouteille. Il a pour but de dégrossir, d'affiner les vins pour qu'ils puissent s'épanouir.

# Conditionnement et conservation

Après la mise en bouteille, le vin prend son autonomie. Son vieillissement dépendra du travail déjà effectué par le vigneron mais aussi du millésime.

**Rôle du bouchon**

Il s'agit, bien évidemment, d'empêcher le vin de sortir, mais aussi et surtout d'empêcher l'air de pénétrer. Le vieillissement en bouteille est un vieillissement réducteur car il y a absence d'apport en oxygène.

**Goût de bouchon**

Le fameux « goût de bouchon » qui évoque l'odeur du liège a plusieurs origines. Il peut être lié effectivement au bouchon ; il apparaît alors rarement sur tout un lot de bouteilles. Parfois, certains traitements des bois de charpente ou des palettes de stockage contaminent le vin par une molécule très odorante évoquant le bouchon.

## Mise en bouteille

C'est la dernière intervention du vigneron. Il convient donc que le vin ait été élevé de façon optimale (*voir* pp. 36-37) et qu'il ne se dégrade pas à ce moment-là. Aération intempestive et contamination à l'embouteillage sont bien entendu à éviter.

La bouteille de verre est aujourd'hui normalisée. Le volume le plus utilisé est de 75 cl. Bien que l'on trouve parfois des bouchons synthétiques ou à vis, c'est le bouchon de liège qui est le plus courant. Mais un bouchon vieillit et, passé vingt-cinq ans pour les meilleurs, il doit être changé sous peine de ne plus remplir son rôle (*voir* ci-contre).

## Vieillissement

Le vin est un produit vivant, il passe par une phase de jeunesse où, fougueux, il s'exprime parfois avec excès et violence. Puis vient l'équilibre de l'âge mûr avant que n'apparaissent les signes de fatigue et d'usure propres au grand âge. Sa durée de vie est très variable. Plus un vin met de temps à atteindre son maximum d'expression (*voir* schéma ci-contre), plus il s'élèvera en qualité et plus longtemps il restera à ce niveau de qualité. C'est pourquoi on considère que les millésimes* de garde (années où les vins peuvent se garder plus longtemps que d'autres) sont supérieurs à ceux de consommation rapide. Il existe bien sûr des exceptions, surtout en ce qui concerne les blancs. Le potentiel de garde du vin est lié à sa richesse en certains composés : le sucre pour le moelleux, l'acidité pour les blancs en général, les tanins* pour les vins rouges, l'alcool pouvant intervenir de façon secondaire. Astringents* ou acides, les vins de garde bus dans leur jeunesse sont souvent moins agréables que ceux de consommation rapide.

# Évolution d'un vin au cours du vieillissement

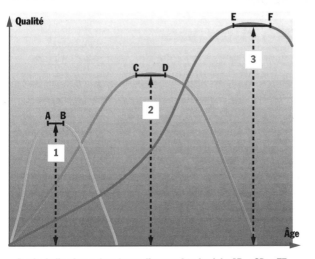

– Durée de l'optimum (maximum d'expression du vin) : AB < CD < EF.
– Niveau de qualité : 1 < 2 < 3.

**Plus un vin atteint rapidement son optimum de qualité, moins longtemps il gardera ce maximum d'expression.**

## Le millésime

Le climat de l'année peut, surtout dans les zones septentrionales, modifier fortement la constitution du raisin : c'est l'effet millésime. La notion de grand millésime peut cacher des réalités différentes. On devrait toujours compléter la notion de niveau du millésime par son style (de garde, flatteur...). De plus, les nuances climatiques, la conduite de la vigne* (les petits rendements mûrissent plus vite), la qualité du terrain (les meilleurs terrains sont toujours plus précoces), et un travail adapté au chai permettent de moduler l'effet millésime.

> **Millésime du siècle**
> La course au scoop amène certains journalistes à se prononcer de plus en plus tôt sur un millésime. Il faut souligner qu'en ce domaine les premières informations fiables ne peuvent venir qu'une fois le raisin cueilli.

Jusqu'au XVIIe siècle, le vin était bu au tonneau dans l'année qui suivait sa fabrication. Puis, son conditionnement en bouteilles a permis de le faire vieillir, ce qui a amené les vignerons à créer des vins dits de garde et à appréhender différemment chaque millésime.

# Qualité d'un vin

On parle de grand vin en sous-entendant ainsi qu'il existe en matière de qualité une hiérarchie précise.
En fait, on s'aperçoit vite que cette notion est plurielle. La finalité d'un vin étant sa consommation, c'est sous l'angle du gustatif que la qualité doit se définir.

**Les casses**
Maladies d'origine chimique, les casses sont dues soit à un excès de cuivre et de fer ou encore de protéine pour les vins blancs, soit à une dégradation enzymatique avec oxydation du produit : c'est la casse oxydasique.

## Défauts

Le défaut est une qualité non souhaitable ; il s'agit d'un caractère identifié qui aura tendance à masquer l'expression du vin dans sa globalité. Retenons qu'un défaut est en général évolutif mais que ce caractère peut parfois être recherché s'il est discret et stable ou si l'on veut faire un autre produit (ainsi le caractère acescent* est-il recherché dans le vinaigre et honni dans le vin).
On répertorie d'abord les défauts liés aux maladies du vin. Ces maladies sont de deux types : les maladies d'origine chimique, appelées aussi casses, et les maladies d'origine microbienne (*voir* ci-contre). Il y a aussi les défauts provoqués par une mauvaise oxygénation (*voir* pp. 36-37) : insuffisamment aéré ou trop protégé, le vin développera des arômes dits de réduction ; trop aéré, le vin s'oxyde. Enfin peuvent se produire des contaminations le plus souvent liées à un contenant non adapté ou dégradé.

## Qualité

Il va de soi que l'absence de défaut ne suffit pas à définir un vin de qualité. De façon simple, on peut dire que la hiérarchie qualitative est liée à la richesse d'expression du vin, donc aux sensations qu'il procure. Dans les appellations d'origine contrôlée (AOC*), la conformité à certains caractères précis définit la typicité comme élément déterminant de la qualité. Quelques remarques : il ne faut pas confondre prestige et qualité et, sauf pour le « buveur d'étiquette », ce n'est pas la renommée qui fait le vin. Il faut dissocier plaisir et qualité. Un vin simple correspondant à notre soif du moment ou servi avec le plat qui lui convient donnera plus de plaisir qu'un vin placé plus haut dans la hiérarchie mais mal adapté.

VIN ET CIVILISATION | VIGNE ET VIGNOBLES | L'ŒNOL

# Contrôle

Difficile à évaluer, la qualité ou plutôt les qualités du vin sont soumises à des vérifications : au moyen d'analyses chimiques qui saisissent quelques éléments clés du produit (alcool, acidité...) et l'absence de développement de certaines maladies, et au moyen de la dégustation qui permet d'appréhender le vin dans toute son expression et ses nuances. Dégustation du vigneron et des techniciens qui l'entourent, dégustation de labellisation ou d'agrément pour les vins de pays et VQPRD*, mais aussi dégustation de l'acheteur, qui peut estimer ainsi si le produit correspond à son attente.

Pour conclure, n'oublions pas que le vin est issu du raisin et que celui-ci a une influence directe sur l'expression gustative, ce qui a engendré des réglementations en matière d'encépagement*, de densité de plantation, d'âge des vignes, de terrain, de rendement, afin de mieux assurer la qualité finale des vins.

**Maladie microbienne**
Si la maladie de la fleur ou le goût animal sont d'origine levurienne, ce sont les bactéries qui sont les éléments les plus dangereux. La piqûre acétique*, la piqûre lactique*, la tourne*, l'amertume* et la maladie de la graisse (le vin prend un aspect huileux) sont les différentes maladies bactériennes répertoriées.

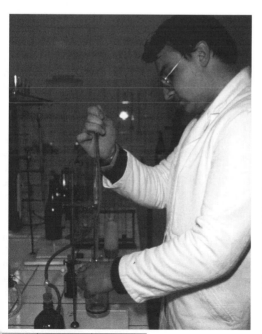

En matière de vin, le « zéro défaut » ne fait pas la qualité. Multiple et diverse, la notion de qualité n'en est pas moins définissable et contrôlée.

# Goût de…, goût pour…

Lorsque l'on interroge quelqu'un sur le goût d'un aliment ou d'un vin, sa première réponse se fait souvent en terme de « bon » ou de « mauvais ». Cette réponse est peu explicite car elle nous renseigne en fait sur ses goûts (goût pour…) et non sur le goût de l'aliment.

## Goût de : décrire

Un vin s'exprimera selon un certain nombre de caractères perceptibles par nos sens.

La perception d'un vin se surajoute à celle du milieu dans lequel on évolue, ce qui explique pourquoi un même vin dégusté dans deux endroits différents n'a pas tout à fait les mêmes caractères. Pour chaque perception, il faut un certain niveau de stimulation – c'est la notion de seuil –, qui est variable selon les individus et les sensations : on peut être très sensible au sel et peu au sucre. Cette sensibilité varie aussi en fonction du moment de la dégustation.

Le dégustateur, surtout le professionnel, a besoin d'exprimer ses sensations ; il lui faudra un vocabulaire adapté et non ambigu qui doit s'appuyer sur des exemples gustatifs reconnus (référents).

On pourrait donc schématiser ainsi le processus gustatif :

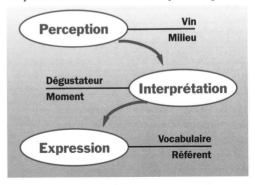

Perception — Vin / Milieu

Dégustateur / Moment — Interprétation

Expression — Vocabulaire / Référent

VIN ET CIVILISATION    VIGNE ET VIGNOBLES    L'ŒNOLOG

## Goût pour : aimer

On sort ici du domaine du commentaire pour entrer dans celui du jugement et de la préférence.

Cette notion de goût renseigne plus sur le dégustateur lui-même que sur le produit goûté. Il est vrai qu'en matière de préférence, nombreuses sont les différences interindividuelles, nul n'étant détenteur d'un goût universel.

Bien qu'individuel, le goût est cependant partagé car les préférences sont directement issues de l'éducation. En effet, en dehors de l'attirance pour le sucre et du rejet de l'amertume* qui sont du domaine de l'inné, attirance et rejet sont modulables par l'apprentissage.

La formation du goût se fait en général à l'intérieur d'une gastronomie donnée par imitation et par références acquises ; c'est ainsi que se définissent des valeurs gustatives propres à une communauté (nourriture épicée, alliance ou séparation du salé-sucré, ordonnancement des plats au cours d'un repas...).

En matière de préférence, le poids de la culture est tel que la valeur symbolique attachée à un produit alimentaire renforce ou diminue le plaisir gustatif.

Le terme de goût recouvre une pluralité de significations. Distinguons d'abord la notion de « goût de », c'est-à-dire les caractères gustatifs du vin ou de tout autre produit alimentaire (acidité, arômes...), de la notion de « goût pour », c'est-à-dire le « j'aime » ou « je n'aime pas », qui renseigne sur la préférence du dégustateur.

# Physiologie du goût

Le goût d'un aliment correspond à une perception globale à laquelle la totalité de nos sens peut participer.

**Un camembert à point**

Le toucher complète souvent la vue dans le choix des aliments. C'est par le toucher que l'on estime la maturité de certains fruits, l'état de dessiccation* d'un saucisson sec ou l'affinage d'un fromage.

## Fonction et fonctionnement

Nos sens sont des portes ouvertes sur le monde. L'appareil sensoriel est composé de cellules sensitives situées dans des organes et reliées au cerveau par un réseau complexe de neurones. Ces cellules ne correspondent pas à une stimulation précise, elles ne sont pas spécifiques.

Pour imaginer ce qu'est la représentation d'un stimulus au niveau du cerveau, il faut se représenter un vaste tableau composé de milliers d'ampoules électriques ; lors d'une stimulation, un certain nombre d'ampoules s'éclairent avec plus ou moins d'intensité, donnant des zones plus ou moins sombres ou lumineuses.

VIN ET CIVILISATION    VIGNE T VIGNOBLES    L'ŒNOLO

# Les cinq sens

Tous les sens, à des degrés divers, participent au goût de l'aliment. Si la perception se fait en bouche, elle est dite interne ; sinon, elle est externe. La perception externe d'un aliment prépare et aide à choisir. Qui n'a jamais salivé à la vue d'un mets ? Cependant, cette perception externe peut être la source de déconvenues. En effet, sa valeur s'appuie sur la mémoire : ce n'est pas le goût du plat que nous regardons qui fait saliver mais le souvenir de celui d'un plat déjà dégusté qui avait un aspect identique ou s'en approchant.

– La vue est un sens strictement externe qui a l'avantage de permettre une comparaison simultanée.

– Le toucher (ou somesthésique*) est un sens à la fois externe et interne. Complexe, il regroupe plusieurs modalités indépendantes ; on retiendra entre autres : le thermique, qui est la perception de la température ; le kinesthésique, qui correspond à la résistance perçue ; le tactile proprement dit, plus périphérique.

– L'ouïe, sens externe et sens interne, n'est pas stimulée par de nombreux aliments ; cependant, les bruits de cuisson peuvent jouer un rôle d'appétence (c'est-à-dire qu'ils stimulent l'appétit), et dans la bouche, le croustillant d'une chips est incontournable.

– L'odorat est aussi un sens externe et interne. En effet, la perception olfactive s'effectue dans les fosses nasales auxquelles les odeurs accèdent par le nez, ou par la voie rétronasale qui part du fond du palais.

– Le sens du goût, quant à lui, est strictement interne. Nous pouvons distinguer un grand nombre de saveurs, mais les phénomènes complexes d'intégration au niveau du cerveau regroupent l'ensemble de ces données en quatre catégories appelées les saveurs de base, à savoir le sucré, le salé, l'acide et l'amer.

Les muqueuses olfactives et gustatives sont aussi le siège de perceptions somesthésiques particulières que l'on appelle les sensations chimiques. Il en est ainsi du piquant des effervescents perçu au nez comme en bouche, de l'astringence* des tanins* du vin, du brûlant de l'alcool.

**Umami**

Le peuple japonais possède cinq saveurs de base, la cinquième – l'umami – correspondant au glutamate (un condiment).

Les découvertes récentes de la physiologie ont permis de mieux comprendre tous les mécanismes en jeu dans l'appréciation d'un aliment, mécanismes qui ne sont pas le fait d'un seul sens, le goût, mais bien de tous.

# Méthode de dégustation des vins

**La dégustation du vin a sa propre logique. Certains caractères ne sont pas appréhendés car ils sont jugés comme secondaires. Il en va ainsi du toucher externe (celui du verre) et de l'ouïe.**

## Examen externe

La vue permet de décrire la robe du vin, c'est-à-dire en premier lieu sa teinte et l'intensité de celle-ci, ainsi que les reflets ou nuances éventuelles ; ceux-ci sont importants car ils donnent une idée non pas sur l'âge mais sur le degré d'évolution du vin. En second lieu, on observe la limpidité et la brillance d'un vin.

Le second examen externe est celui du nez. Le vin possède de nombreux composés olfactifs ; certains, dominants et constants, définissent l'odeur du vin ; d'autres, plus variables, permettent de différencier les vins entre eux. Ce sont ces nuances que l'on décrit car dire que le vin sent le vin ne présente pas beaucoup d'intérêt ! Les classifications olfactives sont forcément arbitraires, et sont là pour aider le dégustateur. Dans les vins, il y a deux classifications reconnues :

– l'une, technique, distingue trois grands types d'odeur en fonction de leur origine :

• les arômes primaires ou variétaux, qui proviennent du cépage*, du terroir*, du climat, de l'année ;

• les arômes secondaires ou technologiques, qui proviennent de l'élaboration du vin ;

| Schéma d'une dégustation | |
|---|---|
| **Visuel :** | • couleur : teinte, intensité, nuance |
| | • aspect : limpidité, brillance |
| **Olfactif :** | • intensité |
| | • netteté, franchise |
| | • complexité |
| | • odeurs |
| **Bouche :** | • équilibre |
| | • volume |
| | • arômes |
| | • longueur |

| Les dix séries d'arômes d'un vin | |
|---|---|
| – série animale | (cuir, sueur, arômes de venaison*...) |
| – série balsamique | (résine, encens) |
| – série boisée | (bois vert, écorce...) |
| – série chimique | (alcool, hydrocarbure...) |
| – série épices | (vanille, poivre...) |
| – série empyreumatique* | (grillé, torréfié...) |
| – série éthérée | (bonbon anglais, vernis...) |
| – série florale | (rose, violette...) |
| – série fruitée | (cerise, pomme...) |
| – série végétale | (herbe, poivron vert...) |

• les arômes tertiaires ou d'évolution, encore appelés bouquet*, qui apparaissent seulement après vieillissement.
– L'autre classification, plus descriptive, est analogique et reconnaît dix séries aromatiques (*voir* ci-dessus).

L'examen olfactif ne vise pas seulement la description de l'odeur, il estime aussi son intensité et son niveau de complexité. Ce descripteur traduit la variété d'odeurs perçues, le vin le plus simple étant celui qui ne sent qu'une odeur. On peut aussi vérifier qu'un vin est exempt de tout défaut (*voir* pp. 40-41) – sous réserve de pouvoir identifier ce défaut ; dans ce cas, on parle de netteté ou de franchise.

## Examen interne

Avec la mise en bouche, la perception est globale et toute la difficulté consiste à appréhender les différents types de sensations (*voir* pp. 44-45).

Les saveurs et les sensations chimiques sont en équilibre relatif les unes par rapport aux autres, c'est-à-dire qu'elles s'annulent ou se renforcent mutuellement. On repère dans cet équilibre les éléments dominants (astringence*, sucrosité, acidité...).

Le toucher, bien que présent dans la mise en bouche, est moins riche pour un liquide que pour un solide, c'est la notion de volume ou d'ampleur.

Les arômes, quant à eux, peuvent être les mêmes qu'au nez ou différents, car la bouche peut en révéler de nouveaux. On apprécie aussi la persistance de ces arômes après avoir avalé ou recraché le vin, c'est la longueur.

Pour comprendre et apprécier totalement un vin, une technique de dégustation s'impose ; celle-ci permet de prêter attention aux sensations externes et internes que procure le vin dégusté.

# Conditions idéales
# et pratique de la dégustation

**Nos sens ne sont pas objectifs
et la perception du milieu ambiant influe
sur celle du vin.**

## Conditions

L'influence des facteurs extérieurs amène le professionnel à déguster dans la mesure du possible aux mêmes heures, dans les mêmes conditions.

Les soucis de l'amateur sont tout autres bien sûr, mais nombreux sont ceux qui ont été surpris de ne pas retrouver, quelques semaines plus tard, le caractère tant apprécié d'un vin lors de son achat en cave. L'accueil, le cadre, son odeur et sa luminosité, notre humeur au moment de la dégustation sont autant d'éléments qui relativisent le jugement.

## Technique de dégustation

Visuellement, on observe la surface du vin (appelée disque), par transparence, si possible en lumière indirecte sur un fond blanc, cela afin d'éviter l'influence de la lumière naturelle ou du ciel sur la couleur du vin. Au nez, on flaire le vin, d'abord sans agiter le verre (premier nez) ; on perçoit alors les odeurs les plus volatiles. Puis on fait tourner légèrement le vin pour l'aérer et on pratique un deuxième flairage (deuxième nez) ; un nouvel examen (toujours en faisant tourner le vin), voire un flairage du verre vide, sont parfois très instructifs.

En bouche, on prend une petite quantité que l'on fait rouler doucement, on peut même l'aérer. La perception du volume et de l'équilibre (*voir* pp. 46-47) se modifie souvent si l'on garde le vin en bouche ; c'est pourquoi l'examen se fait à trois moments : l'attaque, lorsque le vin arrive en bouche, l'évolution, et enfin la finale qui est la dernière sensation avant d'absorber ou de recracher le vin, on estime alors la longueur.

**La température**

La température a un effet direct sur nos perceptions. Une légère augmentation fera percevoir plus fortement l'acidité, la sucrosité, l'effervescence et le brûlant de l'alcool ; elle abaissera en revanche la perception de l'astringence\*. C'est pourquoi la température de service varie selon le type de vin. Dans tous les cas, elle ne doit pas dépasser 20 °C, sous peine d'avoir des vins alcooleux.

**Le verre**

Sa forme conditionne l'examen externe du vin (visuel et olfactif). Un verre doit être à pied, avec une forme rebondie et légèrement rétrécie sur son embouchure, assez grand pour laisser du vide mais pas trop, son remplissage devant se situer entre le tiers et les deux tiers.

## Pratique

Une bonne dégustation s'appuie donc sur de la méthode. Cependant, les approches gustatives restent variables, allant de la plus rigoureuse à la plus lyrique. Pour certains techniciens, l'examen sensoriel se concentre parfois sur un ou deux critères simples permettant de classer des vins ou d'éviter des défauts (*voir* pp. 40-41). Cette approche particulière est fine mais caricaturale ; elle oublie volontairement une part importante de l'expression du vin. Plus couramment, les professionnels font une description plus exhaustive, méthodique, s'appuyant sur un vocabulaire précis. Pour d'autres professionnels ou amateurs éclairés, la dégustation devient un exercice de style au cours duquel on cherche par analogie des images évocatrices des sensations procurées. Ce type de description peut parfois prendre une forme poétique mais s'éloigne souvent très fortement du vin. Pour éviter cet écueil, il faut disposer d'une méthode rigoureuse. Et n'oublions jamais qu'en matière de vin, l'artiste ou l'artisan, c'est le vigneron (*voir* pp. 10-11), le dégustateur n'étant que le critique. La dégustation n'est pas un art mais une méthode qui peut cependant se révéler jubilatoire.

> La pratique de la dégustation varie en fonction même de ses objectifs (technique, hédonique, poétique...). Mais il ne faut jamais oublier qu'elle est conditionnée par le moment et le milieu où elle se déroule.

# Choisir et acheter son vin (1)

**Quel vin acheter pour mettre en cave ?
Quel vin choisir pour le prochain repas ?
Le choix du vin apparaît souvent comme
un pensum. Voici quelques conseils.**

## Connais-toi toi-même

Le plaisir doit être votre premier guide ; peu à peu, vos découvertes et l'augmentation de vos références feront évoluer vos préférences. En deux mots, ne soyez pas précieux mais épicurien. Soyez aussi curieux ; la diversité des vins, la variété des alliances et des associations avec les moments et les mets sont telles qu'il serait dommage de ne rien essayer. Ainsi est-il bon, pour l'amateur de vins jeunes, de goûter de temps à autre des vins vieux, ou encore un vin blanc pour un inconditionnel du vin rouge. Le monde du vin doit être tout sauf le monde de l'habitude.

## Vins de garde

À l'achat, il est plus facile de choisir un vin prêt à boire qu'un vin de garde. L'achat de tels vins est conditionné par vos possibilités de conservation (cave) et votre patience (dix à quinze ans, parfois plus). Combien de vins sont ainsi gâchés par une consommation trop précoce ! Enfin, n'oublions pas que le goût d'un vin vieux est bien différent de celui d'un vin jeune (il change notamment de gamme aromatique) et peut ne pas plaire à tous.

## Lire une étiquette

Les étiquettes portent des mentions, certaines étant obligatoires, d'autres facultatives.

– Mentions obligatoires :

• la dénomination du vin : vin de table, vin de pays\*, appellation d'origine – vin délimité de qualité supérieure (VDQS\*), appellation d'origine contrôlée (AOC\*) ; pour ces deux dernières mentions, on ajoute le nom de l'appellation ;

| VIN ET CIVILISATION | VIGNE ET VIGNOBLES | L'ŒNOLOG |
|---|---|---|

• le pourcentage d'alcool ;
• le volume net ;
• le nom et l'adresse de l'embouteilleur ;
• le pays d'origine, s'il s'agit d'un vin de table, ou alors la mention « mélange de différents pays de la Communauté européenne » ou bien encore « vin de pays tiers ».
– Mentions facultatives :
celles-ci ne sont pas toujours régies par un texte de loi, et peuvent donc se révéler très approximatives, voire folkloriques (ex. : « vieille vigne », « crème de tête ») !

## Que boire ce soir ?

Après l'achat d'une bouteille, il faut choisir le bon moment pour la déguster et la mettre en valeur, sous peine d'être fortement déçu. On ne boit pas, comme on ne mange pas d'ailleurs, la même chose lors d'un déjeuner sous le soleil d'été ou lors d'un dîner au coin du feu l'hiver.
Souvent, un vin âgé, délicat, nécessitera une certaine mise en scène, pour signaler entre autres aux convives qu'il demande un peu d'attention ; c'est ici qu'intervient le choix de la nappe, du service de table, des verres, de l'ambiance lumineuse, du nombre et du choix des convives et, bien entendu, de l'alliance culinaire. Comme il n'existe que quelques règles en la matière (*voir* pp. 56-57), c'est votre sensibilité, votre plaisir, votre connaissance gustative du vin mais aussi des goûts de vos convives qui vous guideront dans cette recherche.

Il faut rappeler que l'on choisit d'abord un vin en fonction de ses propres goûts. Curiosité, contraintes financières et de stockage, modes de consommation doivent aussi guider le choix.

# Choisir et acheter son vin (2)

**Comment faire face à la pléthore de sollicitations ? Où acheter, quels sont les guides, comment les utiliser ? Quelques conseils pratiques.**

## Goûter

L'achat après dégustation, surtout en ce qui concerne les vins prêts à boire, est certainement celui qui réservera le moins de mauvaises surprises. Ce type d'achat se pratique le plus souvent lors d'un voyage dans une région viticole et a l'avantage de vous faire rencontrer le vigneron, de faire plus ample connaissance avec son travail et son terroir (*voir* pp. 16-17), rendant ainsi moins anonyme le vin que vous servirez plus tard. Les salons du vin ou de la gastronomie sont d'autres lieux de dégustation ; en dehors de l'achat, ces lieux permettent de goûter beaucoup en peu de temps, favorisant la comparaison entre diverses régions et producteurs, augmentant du même coup vos références. C'est ainsi que vos compétences de dégustateur s'affineront. Enfin, certains cavistes

(*voir* pp. 10-11) et la grande distribution lors de ses foires au vin proposent la dégustation de quelques produits. C'est toujours une occasion à saisir. Cependant, ce type d'achat demande quelque pratique et il est parfois bien difficile pour l'amateur non éclairé d'estimer le devenir d'un vin de garde. Dans ce cas, il serait préférable d'aller chercher conseil.

## Achat guide

Le conseil repose sur la compétence de celui qui le donne mais aussi sur un rapport de confiance. C'est le cas du club par correspondance ou du viticulteur qui se base

| VIN ET CIVILISATION | VIGNE ET VIGNOBLES | L'ŒNOLOG |
|---|---|---|

sur des ventes préalables ayant donné satisfaction ; mais deux cuvées\* ou deux millésimes\* peuvent se révéler bien différents et ainsi vous décevoir. Plus proche de vous, le caviste fait face à votre demande ; il doit être alors à même de comprendre vos goûts, vos désirs et ainsi de vous guider. Pédagogue, il doit vous faire pressentir ce que vous allez choisir. Mais si un caviste avisé peut se montrer le meilleur des guides et des initiateurs, certains, malheureusement, cachent leurs insuffisances derrière des avis définitifs et péremptoires.

Revue de l'été 97
du Club Français
du Vin

L'Étiquette
d'été

Pour ensoleiller votre été,
mettez la fraîcheur
sur votre table

CLUB FRANÇAIS DU VIN

## Achat grande distribution

La grande distribution effectue aujourd'hui l'essentiel des ventes de vin. Pourtant, malgré quelques efforts louables, c'est l'endroit où l'on dispose du moins d'information.

Vous ne serez bien souvent guidé que par l'étiquette ou par la renommée du vin. La solution ici est d'acheter des vins que vous connaissez par ailleurs, non seulement en terme d'appellation mais aussi de propriété et de millésime.

## Guides et presse spécialisée

La presse spécialisée et de nombreux guides effectuent pour vous un travail de tri. Celui-ci peut être particulièrement intéressant lors de vos visites dans les régions viticoles car vous ne pouvez prospecter vous-même qu'un nombre réduit de viticulteurs. Plus délicat est leur utilisation pour des achats par correspondance ou comme référence lors de foires aux vins.

Se faire confiance ou chercher conseil auprès d'un spécialiste et, dans ce dernier cas, auprès de quel spécialiste, telles sont les questions que beaucoup se posent lorsqu'ils désirent acheter du vin.

# Conserver son vin

**Les conditions de stockage influent très directement sur le devenir de votre vin. Quelles sont les grandes règles de la cave idéale et comment pallier les insuffisances de la vôtre ?**

## Éléments du vieillissement

La température, les vibrations, l'hygrométrie*, certaines molécules aromatiques, la lumière influent sur les phénomènes physico-chimiques qui président au vieillissement du vin. Toute accélération brutale de celui-ci donne un vin certes plus rapidement prêt à boire mais qualitativement inférieur, notamment du point de vue de la complexité aromatique. L'amplitude des variations thermiques, leur nombre et leur rapidité sont de puissants accélérateurs, de même que les vibrations et les mouvements de toute sorte que l'on peut faire subir au vin. L'hygrométrie, quant à elle, n'a pas un rôle direct sur le vin mais une trop grande sécheresse favorise le dessèchement du bouchon qui ne remplit plus alors son rôle (*voir* pp. 38-39).

En ce qui concerne les effets de la lumière, qui favorisent les arômes de réduction*, on utilise, pour les pallier, des bouteilles colorées. Enfin, il faut se méfier de certaines odeurs qui peuvent pénétrer à travers le bouchon et contaminer le vin.

## Le transport

Lors d'un déménagement ou tout simplement après son achat, vous serez amené à transporter ou faire transporter votre vin sur un temps et sur une distance plus ou moins longs. Ces déplacements peuvent se révéler traumatisants, surtout en période chaude.

En effet, aux mouvements et variations thermiques s'ajoute le niveau de la température atteint ; celui-ci est tel dans certains cas que la dilatation induite du vin entraîne suintement ou déplacement du bouchon.

C'est pourquoi il est préférable, lorsque cela est possible, de se faire livrer ou de déplacer son vin en période fraîche.

| VIN ET CIVILISATION | VIGNE ET VIGNOBLES | L'ŒNOLOGI |

> ### Vie de bouchon
> Dans le meilleur des cas, la durée de vie d'un bouchon
> est de vingt à vingt-cinq ans.
> Au-delà, devenu poreux, il favorise l'oxydation
> voire l'écoulement du vin, il faut donc le changer.
> Certains châteaux prestigieux se chargent de ce type
> de travail délicat pour les vins issus de leur domaine.
> Le débouchage est une tâche difficile : on risque en effet
> de faire tomber des particules de l'ancien bouchon
> à l'intérieur de la bouteille ; de plus se pose le problème
> de l'oxydation du vin lors de cette opération
> car de l'air va rentrer.

## La cave idéale

C'est celle qui permet un vieillissement régulier et qui évite toute contamination. Elle doit être fraîche (10 à 14 °C) et la plus constante possible ; elle doit surtout être un bon tampon thermique, c'est-à-dire que les variations de température, lorsqu'il y en a, doivent s'effectuer progressivement entre le moment le plus chaud et le plus froid de l'année. Exempte de vibrations (attention à la proximité du métro ou de routes à grande circulation), de lumière et de stockage d'éléments odorants (fuel, légumes...), elle sera aérée. L'humidité idéale se situe autour des 80 % ; au-dessus, cela n'est dommageable que pour les étiquettes.

**Quelques trucs**
– Si votre cave est trop sèche, recouvrez le sol de gravier et arrosez-le régulièrement afin de maintenir un niveau suffisant d'humidité.
– Pour aérer votre cave, ayez des aérations obturables en période trop chaude ou trop froide, et profitez des températures optimales (10 à 15 °C) pour les ouvrir.

Après la mise en bouteille, chaque flacon devient autonome et peut vieillir différemment. Selon les conditions de conservation auxquelles sont soumises les bouteilles, on observe des évolutions gustatives variables.

# Le service du vin

L'harmonie est le maître mot du service d'un vin, de la bouteille jusqu'au verre. Quelques règles simples permettent d'opérer les bonnes alliances avec les bons plats.

**Fromage et vin rouge**

Contrairement à une idée reçue, dans la plupart des cas, c'est loin d'être une alliance idéale. Et le vin rouge sort souvent déprécié de ce type de confrontation.

## Alliances

Le milieu, le moment, la situation, l'humeur doivent être en accord avec le vin servi, mais l'alliance entre les vins et les mets reste le point d'orgue. Évidemment, le domaine des préférences étant varié, il existe souvent plusieurs alliances possibles et, de ce point de vue, la confrontation de plusieurs vins sur un même plat, ou inversement, est toujours passionnante. Les règles qui président aux alliances sont assez simples.

La première est le respect des puissances : pour qu'il y ait mise en valeur réciproque, l'intensité des expressions au nez et en bouche doivent être du même ordre dans le vin et dans le mets.

Deuxième règle : on jouera ensuite sur le renforcement ou la complémentarité. Il y a renforcement d'une sensation quand le vin et le plat s'expriment dans le même registre ; il y a complémentarité quand leur confrontation atténue leurs expressions réciproques. En général, on renforce les sensations appréciées mais discrètes, alors que l'on cherche à compléter celles qui, déjà intenses, risqueraient de devenir excessives au détriment de la complexité gustative. Avec ces quelques règles et un peu d'intuition, vous pourrez sortir des sentiers battus, et ce pour votre plus grand plaisir.

**Rouge et blanc**

Autre idée reçue, le fait de servir les vins rouges après les vins blancs. Seul le respect des puissances compte : il faut donc servir en premier le vin le plus léger en richesse d'expression puis, en second, le plus puissant.

---

**Température de service**

Chaque vin a une température optimale qui met en valeur ses qualités.
- Blanc sec et rosé entre 8 et 12 °C ;
- blanc doux et effervescent entre 6 et 8 °C ;
- rouge léger et fruité entre 10 et 12 °C ;
- autre rouge, « chambré », c'est-à-dire entre 14 et 18 °C.

---

## De la bouteille au verre

Au moment du service, il peut apparaître nécessaire d'apporter de l'oxygène au vin pour qu'il s'épanouisse. Il est donc souhaitable de goûter le vin juste avant le repas ; si vous constatez qu'il est peu expressif au nez, dur en bouche, voire fortement astringent* pour un vin rouge, c'est qu'il a probablement besoin d'aération ; il faut alors le passer en carafe, avec plus ou moins de précaution selon l'état du vin. Par exemple, les vins les moins expressifs et les plus durs demanderont l'aération la plus violente par le carafage.

On peut aussi décanter un vin qui a du dépôt, mais si le vin vous semble fragile, un peu usé, il vaut mieux s'abstenir. Pour un débouchage dans les règles de l'art, on coupe la capsule au niveau inférieur ou au milieu de la bague du goulot. On essuie la partie supérieure du goulot et du bouchon et on enfonce le tire-bouchon sans traverser le bouchon afin de ne pas faire tomber de particules de liège. On retire alors le bouchon avec douceur et on le flaire ; il doit sentir le vin et non le liège, sinon il est fort probable que le vin soit bouchonné. Le vin sera alors versé dans des verres jusqu'au tiers ou à la moitié afin de laisser assez d'espace pour pouvoir aérer le vin et en apprécier toutes les nuances olfactives (*voir* pp. 46-47).

> Le service du vin, c'est le moment de vérité, source de joies mais parfois hélas de déceptions. Car, quels que soient les soins apportés au vin auparavant, son service peut le gâcher complètement.

# Les principaux vignobles du monde

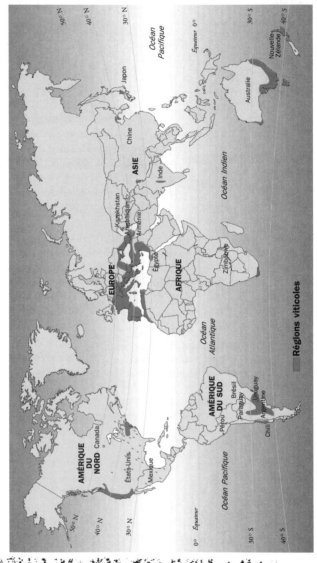

Régions viticoles

| VIN ET CIVILISATION | VIGNE ET VIGNOBLES | L'ŒNOLO |
|---|---|---|

# Le monde viticole en chiffres (entre 1990 et 1994)

Chaque année, dans le monde, on produit en moyenne 300 millions d'hl de vin : 78 % pour l'Europe (dont 60 % pour l'Union européenne à douze pays), 16 % pour le continent américain, 4 % pour l'Afrique, 2 % pour l'Asie-Océanie. Quant à la superficie mondiale plantée en vigne, elle est de 9 millions d'ha. Pour la superficie, c'est l'Espagne qui possède le plus important vignoble du monde (environ 1,5 million d'ha) devant l'ex-Urss, la France (920 000 ha) talonnée par l'Italie, et enfin le Portugal (260 000 ha). Pour la production, l'Italie vient en tête avec la France (environ 60 millions d'hl chacune),

suivies par l'Espagne (25 millions d'hl), l'Argentine et les États-Unis (environ 16,5 millions d'hl chacun). Pour les exportations, l'Italie et la France arrivent en tête avec chacune environ 12 millions d'hl ; puis viennent l'Espagne, l'Allemagne, le Portugal. Notons la forte progression des États-Unis, de l'Amérique du Sud et de l'Australie. Pour la consommation vient en premier la France avec 64 l/hab./an, devant l'Italie (62 l/hab./an), le Portugal (55 l/hab./an), la Suisse (44 l/hab./an), l'Espagne (38 l/hab./an). En France la consommation est tombée de moitié entre 1964 (120 l/hab./an) et aujourd'hui.

## Les principaux vignobles français

# Glossaire

Acescent : qui a l'odeur piquante caractéristique du vinaigre.

Acides organiques : les acides sont des composés hydrogénés. Les acides organiques proviennent en général d'organismes vivants et leur composition possède du carbone. Les principaux acides organiques du raisin sont les acides tartrique, malique et citrique.

Amertume : maladie microbienne. Le glycérol, l'un des composés secondaires du vin, est dégradé. Il se forme alors un composé très amer, l'acroléine.

Anivit : Association nationale interprofessionnelle des vins de table et des vins de pays créée en 1976. Elle regroupe les différents acteurs de la filière vin, elle a un rôle d'orientation sur la mise en commercialisation et mène des actions de promotion nationales et internationales.

Anhydride sulfureux (SO2) : forme chimique utilisable du soufre. Ses propriétés antiseptiques et antioxydantes en font un additif quasi indispensable à l'élaboration des vins ; son emploi est réglementé.

AOC : appellation d'origine contrôlée. Système réglementaire contrôlé par l'Inao* qui garantit l'authenticité du vin (provenance, cépage, rendement, degré alcoolique, savoir-faire culturel et technique).

Arômes de réduction : à l'opposé des arômes d'oxydation, il s'agit des caractères provenant d'un déficit d'aération du vin ou d'une trop grande protection par rapport à l'air (exemple : odeur d'ail, de croupi, d'œuf couvé).

Arômes de venaison : odeur de la chair de gros gibier.

Astringence : effet de resserrement et d'assèchement des gencives et du palais provoqué par certaines substances chimiques tels les tanins du vin.

Bilan hydrique : notion qui correspond à la différence entre la pluviométrie, l'évaporation du sol et la transpiration de la plante (ETP).

*Bothrytis cinerea* : champignon parasite. S'il se développe de façon importante, il est néfaste à la qualité du vin et entraîne la pourriture grise. Dans certaines conditions climatiques, son développement, difficile, permet d'obtenir la pourriture noble. L'accroissement de la concentration en sucre qui en résulte alors permet l'élaboration de certains vins liquoreux.

Bouquet : terme pouvant revêtir plusieurs significations : soit les arômes d'évolution, soit l'ensemble des odeurs du vin.

Caudalie : unité de mesure mentale de la persistance aromatique d'un vin lors de l'appréciation de la longueur en bouche (persistance des arômes après avoir avalé ou recraché). Une caudalie égale une seconde.

Cep : partie ligneuse de plus d'un an d'un pied de vigne.

Cépage : variété de plant de vigne.

Chai : local d'élevage ou de stockage du vin situé au niveau du sol.

Composés phénoliques : composés organiques possédant une ou plusieurs fonctions phénol. En général instables, ces composés donnent lieu à de nombreuses modifications physico-chimiques (changement de couleur, assouplissement des vins).

Conduite de la vigne : manière de diriger et d'élever la vigne selon un mode qui varie suivant les régions. C'est le type de taille choisi qui détermine la conduite.

Cru : appliqué au vignoble, ce terme désigne toujours un terroir déterminé. Notion cependant variable selon les régions et qui peut donner lieu à une classification. Dans le Bordelais, le cru désigne le domaine, le château. En Bourgogne, il désigne une parcelle (clos ou climat) qui peut appartenir à un ou plusieurs propriétaires.

Cuvée : assemblage de vins de différentes provenances ou de différents millésimes.

Dessiccation : assèchement.

**Drainage :** opération qui consiste à faciliter, au moyen de conduits souterrains et de fosses, l'écoulement des eaux dans les terrains trop humides.

**Écosystème :** unité constituée par un milieu donné et l'ensemble des êtres vivants, animaux et végétaux, qui s'y trouvent.

**Empyreumatique :** ensemble des odeurs évoquant le grillé, le torréfié, le brûlé.

**Encépagement :** correspond à la variété de cépage présent sur une parcelle ou une propriété.

**Fermentation alcoolique :** c'est la transformation du sucre en alcool sous l'influence des levures.

**Gouleyant :** se dit d'un vin qui se boit facilement, d'un vin en général fluide et équilibré.

**Greffage :** opération consistant à souder entre eux deux bois de vigne différents. L'un constitue le porte-greffe (pied de vigne que l'on enracine), l'autre le greffon (jeune rameau qui fera la variété).

**Hygrométrie :** pourcentage d'humidité dans l'air.

**Inao :** Institut national des appellations d'origine. Organisme public fondé en 1935, il élabore, en collaboration avec les syndicats viticoles, les réglementations des appellations (AOC, VDQS) et les fait respecter.

**Lies :** dépôt que le vin laisse au fond des cuves après y avoir séjourné.

**Macération :** c'est la phase où les parties solides (peau) sont en contact avec le jus ou le vin.

**Millésime :** année de la récolte. On parle de millésime de garde pour désigner une année où les vins produits peuvent se garder plus longtemps que d'autres.

**Moût :** liquide issu de la vendange avant fermentation.

**OIV :** Office international de la vigne et du vin. Organisme international créé en 1924, dont le siège est à Paris. Il supervise et publie des études scientifiques, techniques et économiques sur la vigne et ses diverses productions. Reconnu comme expert, il émet des avis concernant les nouvelles pratiques œnologiques dans le monde.

**Onivins :** Office national interprofessionnel des vins. Cet établissement public, créé en 1983, oriente le marché viticole français et est chargé de l'application des interventions réglementaires et financières européennes. Il supervise les vins de table et les vins de pays.

**Palissage :** fixation de la vigne à un ensemble de piquets et de fils alignés. Le palissage permet de diriger et de maintenir la végétation.

**Photosynthèse :** fonction propre aux végétaux chlorophylliens, leur permettant, à la lumière, de synthétiser leurs propres matières organiques, à partir du gaz carbonique de l'air. Elle assure leur croissance.

**Pigeage :** opération concernant les vins rouges. Durant la cuvaison, c'est l'action qui consiste à immerger dans le jus en fermentation les parties solides remontées à la surface (le chapeau), afin de favoriser l'extraction des composés (couleur, tanins, arômes) présents dans ces parties solides.

**Piqûre acétique :** maladie microbienne. L'alcool est transformé en acide acétique avec production d'acétate d'éthyl, composé très odorant. C'est le processus d'élaboration du vinaigre.

**Piqûre lactique :** maladie microbienne. Les sucres non fermentés sont dégradés en acide lactique et en acide acétique. Le vin devient aigre-doux.

**Plant :** jeune plante que l'on vient de planter.

**Remontage :** opération concernant les vins rouges. Action accompagnant la cuvaison et qui consiste à arroser le chapeau (parties solides remontées à la surface) avec le jus de fermentation prélevé au bas de la cuve afin de favoriser l'extraction des composés présents dans les parties solides.

**Sédimentation :** dans un liquide trouble, les parties les plus lourdes vont se déposer progressivement dans le fond du contenant.

**Sels tartriques :** sels composés d'acide tartrique, de potassium et de calcium. Le vin est un milieu saturé en sels tartriques. Certaines modifications physico-chimiques peuvent entraîner l'apparition de ces sels sous forme de cristaux.

# Glossaire (suite)

Somesthésique : ensemble des perceptions pouvant être appréhendées par le toucher, à savoir : la température (thermique), la résistance (kinesthésique), le contact (tactil), le chimique et la douleur (algique).

Soufrage : application de soufre sur la vigne pour prévenir certaines maladies cryptogamiques (provoquées par des champignons microscopiques).

Soutirage : opération de déplacement du vin d'un contenant à un autre. Le soutirage permet de séparer le vin clair des lies mais il est aussi un moyen d'aération du vin.

Tanin : composé phénolique responsable de l'astringence et facteur de garde des vins rouges.

Tourne : maladie microbienne. L'acide tartrique est dégradé en acide acétique et succinique. Le vin devient aqueux avec une odeur désagréable (« goût de souris »).

Vin de pays : vin de table provenant d'une aire délimitée (zone départementale ou régionale) et répondant à certaines conditions de production. Ils sont contrôlés par l'Onivins.

VDQS : vin délimité de qualité supérieure. Système réglementaire du même type que celui des AOC et contrôlé par l'Inao. Souvent un peu moins contraignant que les règles des AOC en ce qui concerne la délimitation parcellaire et l'encépagement, le VDQS se veut un passage transitoire vers l'AOC.

VQPRD : vin de qualité produit dans des régions déterminées. Distinction réglementaire européenne qui s'oppose au vin de table et regroupe, pour la France, les VDQS et les AOC.

# Bibliographie

### Vins et civilisations

CHATELAIN-COURTOIS (Martine), *Les Mots du vin et de l'ivresse*, Coll. « Le Français retrouvé », Belin, 1984.
Afin de transformer chaque œnopote (buveur de vin) en œnophile, on ne peut que saluer ce petit dictionnaire à la fois plaisant et fort instructif.

JOHNSON (Hugh), *Une histoire mondiale du vin*, Hachette, 1989.
Un ouvrage concis mais complet sur l'histoire du vin, des origines à nos jours, par l'un des plus grands spécialistes anglo-saxons.

### Vins et vignobles

*L'Atlas des vins de France*, Hachette, 1989.
Ouvrage collectif en collaboration avec l'Inao* (Institut national des appellations d'origine) qui présente un panorama complet et documenté sur les vignobles de France.
*Larousse des vins – Tous les vins du monde*, Larousse, 1995.

Ouvrage collectif de connaissance et de spécialités du monde entier. Ce guide de référence trace le profil de chaque zone viticole, décrit les caractéristiques des vins et cite les plus intéressants.

### Œnologie

PEYNAUD (Émile), *Connaissance et travail du vin*, Dunod, 1981.
Créé par un des pères de l'œnologie moderne et réactualisé régulièrement, ce précis aborde la science du vin sous ses aspects techniques et pratiques sans pour autant demander de connaissances préalables.

RIBÉREAU-GAYON (Jean) et collaborateurs, *Science et technique du vin*, Dunod, 1982.
Voici en quatre tomes la bible de l'œnologie. Imposant, technique, il s'adresse à ceux qui veulent tout connaître de l'analyse du vin à la mise en bouteille.

VIN ET CIVILISATION | VIGNE ET VIGNOBLES | L'ŒNOLO

# Bibliographie (suite)

### Dégustation

Léglise (Max), *Une initiation à la dégustation des grands vins*, Éd. Jeanne Lafitte, 1984.

Par celui qui fut le directeur de la station œnologique de Bourgogne, une approche de la dégustation ludique et néanmoins méthodique. En donnant la première place aux arômes, c'est l'école bourguignonne de dégustation qui s'exprime ici.

Peynaud (Émile), Blouin (Jacques), *Le Goût du vin*, Dunod, 1995.

Une nouvelle mouture de cet ouvrage de référence de l'école bordelaise de dégustation, écrit au départ par le seul Émile Peynaud. C'est à ce jour l'ouvrage le plus complet sur le sujet.

### Le coin des œnophiles

Puisais (Jacques), *Le Goût juste des vins et des plats*, Flammarion, 1985.

Au travers de nombreux exemples de son propre carnet de dégustation, l'auteur propose de nous faire sentir l'alchimie qui préside au mariage des vins et des mets.

*Guide Hachette*
Chaque année, la sortie de ce guide est un événement ; c'est l'exemple typique du guide collectif.

*Guide Le Vin Gault & Millau*
Répertoire des propriétés retenues par les critiques de la revue.

### Revues

*Le blanc et le rouge*, Éd. Le Vin.
Trimestriel très bien documenté ; c'est la seule revue grand public exempte de publicité. Sur abonnement seulement.

*La Revue française d'Œnologie*
Revue officielle de l'Union française des œnologues.

---

# Index

*Le numéro de renvoi correspond à la double page.*

# Dans la même collection :

Responsable éditorial : Bernard Garaude, Directeur de collection – édition : Dominique Auzel
Secrétariat d'édition : Véronique Sucère, Correction – révision : Jacques Devert
Iconographie : Sandrine Guillemard, Conception graphique – couverture : Bruno Douin
Maquette – infographies : Isocèle
Fabrication : Isabelle Gaudon, Hélène Zanolla.

Crédit photos :
É. Follet : p. 3 / Sygma : pp. 9, 13, 27, 32, 41, 49, 57 / CIVB Bordeaux – Roy Philippe :
p. 10 / CIVB Bordeaux – Guilhem Ducléon : p. 15 / CICVRVR : p. 16, 36, 44, 55 /
D. Chauvet – Milan Presse : p. 23.

Aubin Imprimeur, 86240 Ligugé. — D.L. août 1997. — Impr. P 54312